アートバイブル

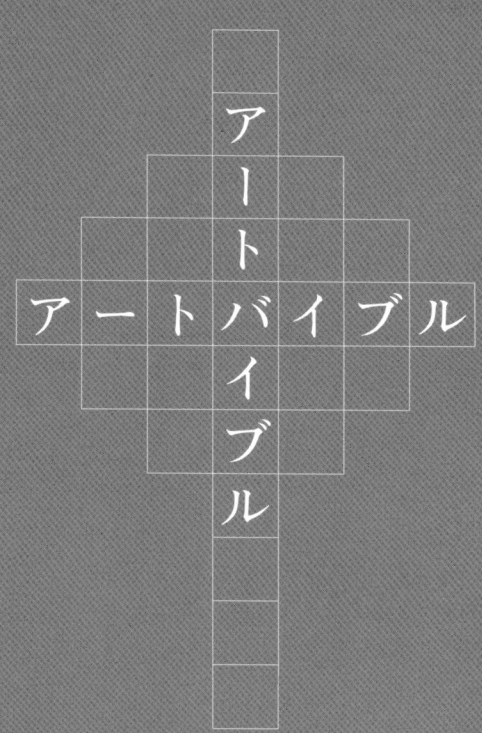

アートバイブル

the art bible

日本聖書協会

聖書と絵画があなたの近くに

監修のことば

これまでにキリスト教美術、とりわけ聖書を主題とした絵画を取り上げた美術書は、すでに多く出版され、多くの方々に用いられてきました。また、それらの絵画を美術史的に深く掘り下げ、詳しく解説した研究書も多くのことを私たちに教えてくれます。

しかし、多くの日本人は有名な絵画（例えば、ダ・ヴィンチの『最後の晩餐』）を知っていても、それが聖書のどの箇所に基づいて描かれたものであるかを知る人はそれほど多くはないでしょう。また、有名な聖書のことば（例えば、受胎告知の「ルカによる福音書１章 26〜38 節」）を知っていても、その場面をどんな画家がどのように描いたかを見る機会はそんなに多くはありません。

本書は聖書の本文（新共同訳準拠）とそれに基づいた絵画作品を一つにしたものです。それは、聖書のことばの解説としての絵画ではなく、また絵画の解説としての聖書のことばでもない、お互いが独立しながら、良きパートナーとなって観る者に直接訴えかけるように編集、デザインされています。

ただし、絵画作品そのものが聖書のことばと対等であるということではありません。その意味で同じテーマでも複数の絵画をできるだけ載せているのも、この本の特徴です。神の啓示のことば（永遠のことば）である聖書に対して、絵画は人間の相対的な表現であり、時代や作者の思いによって違いが生まれてきます。また、作品の制作年代も15世紀（ルネサンス時代）から17世紀（バロック時代）の西洋絵画に集中しており、彫刻、工芸、建築等は除外してあります。また、聖書本文も作品に合わせて抜粋してあり、聖書全体が網羅されているわけではありません。

このように多くの不十分さを承知しながらもなお、この本が出版される大きな意義を肌で感じています。それは、明治以降、とりわけ西洋絵画（文化）に大きな影響を受けてきた日本人が、ここに登場する数々の絵画を通して、その思想の根幹である聖書のことばに少しでも触れていただきたいからです。

これまで読み（見）たくても、誰も手にすることのできなかった本が、この『アートバイブル』です。本書を通して皆様のそれぞれの人生が、未来に向かってより豊かに開けていく一つのきっかけになれば幸いです。

なお、聖書のことばと作品との関係をわかりやすくするために、独自の見出し（英文付き）が付けられています。また、海外旅行や個人的な学びに役立つように、作品の所蔵先も明示されています。

バイブル・アンド・アート ミニストリーズ 代表　町田 俊之

監修者略歴

1953年新潟県生まれ。
愛知県立芸術大学および大学院修了。
デザイン事務所勤務の後、聖書宣教会聖書神学舎を卒業し、
愛知県にて11年間牧師を務める。
1995年、美術宣教を目ざすバイブル・アンド・アートミニストリーズを設立。
（以後、毎年各地で美術展、セミナー等を開催）
1999年、共立基督教研究所修士課程修了。
2002年、共著「福音を生きる －文化の形成をめざして－」（いのちのことば社）、
個展「十字架の Image (かたち)」（東京：銀座教会）。
2003年、監修「アートバイブル」（日本聖書協会）
2004年、「アートバイブル」監修により、聖書事業功労者賞を受ける。
2006年、「国際聖書フォーラム2006」にて『聖書と美術』と題して講演。

原本主編者紹介

何　恭上　*Ho Kung-Shang*（台湾芸術図書公司・社長）

台北師範美術科卒業、国立芸術大学西洋美術科中退。
学生時代、美術科教師、また新聞社の美術編集を担当した頃から、美術出版に志を立て、
1969年、芸術図書公司を設立した。
現在600余りの芸術図書を出版し、台湾国内はもとより、世界の読者に提供している。
社長として勤める傍ら、自ら執筆・編集したものが50点余りを数える。

旧約聖書

old testament

<アートバイブル旧約聖書　目次>

旧約聖書

創世記

天地創造 1
アダムの創造 5
女の創造 7
蛇の誘惑 9
楽園追放 17
カインとアベル 21
ノアの箱舟 25
大洪水 29
鳩を放つ 31
祭壇を築く 33
虹の契約 35
ノアの泥酔 37
バベルの塔 39
アブラムの召命と移住 43
サライとハガル 45
アブラムとハガル 47
ハガルとイシュマエル 49
契約と割礼 51
イサクの誕生の予告 55
ソドムの滅亡 59
ロトの娘たち 63
アブラハム、イサクをささげる 65
イサクとリベカの結婚 71
エサウとヤコブの誕生 79
リベカの計略 83
ヤコブへの祝福 85
祝福をだまし取るヤコブ 87
ヤコブの夢 91
ヤコブの結婚 95
ヤコブの脱走 99
ラバンの追跡 103
ペヌエルでの格闘 105
少年期のヨセフ 111
ヨセフの夢 113
ヨセフとポティファルの妻 117
夢を解くヨセフ 121
ファラオの夢を解く 125
兄たち、エジプトへ下る 129
ヤコブ、ヨセフの子らを祝福する 135
ヤコブの祝福 139

出エジプト記	男児殺害の命令	143
	モーセをナイルに流す	145
	モーセ救出	147
	モーセとミディアンの祭司の娘たち	153
	モーセと燃える柴	155
	主の過越	157
	葦の海の奇跡	159
	マナ	163
	岩からほとばしる水	169
	十戒	173
	金の子牛	177
民数記	青銅の蛇	179
	バラムとロバ	183
ヨシュア記	ヨシュアの勝利	185
士師記	サムソンの誕生	187
	サムソンの宴会	189
	サムソンの勝利	191
	デリラの誘惑	193
	サムソン、髪を切られる	195
	サムソン、目をえぐられる	197
	サムソン、神殿を壊す	199
ルツ記	ルツの落ち穂拾い	201
	ルツの結婚	203
サムエル記 上／詩編	サウル王に仕えるダビデ	205
	主は羊飼い	207
	ダビデとゴリアト	209
	ダビデの勝利	217
	ダビデとヨナタン	219
サムエル記 下	ダビデとバト・シェバ	221
	ダビデの罪	227
	ダビデの悔い改め	229
列王記 上	ソロモンの知恵	233
	シェバの女王の来訪	239
	ソロモンの背信	243
エステル記	エステルの選び	245
	エステルへの説得	247
	ハマンの失脚	249
	ユダヤ人の勝利	251
	ユダヤ人の喜び	253
イザヤ書	イエス・キリストの誕生の預言	255

天地創造

creation of heaven and earth

初めに、神は天地を創造された。

創世記　１章　１節

ミケランジェロ「太陽と月の創造」
1508-12　フレスコ
ヴァチカン、システィーナ礼拝堂

地は混沌《こんとん》であって、闇《やみ》が深淵《しんえん》の面にあり、神の霊が水の面を動いていた。神は言われた。

「光あれ。」

こうして、光があった。神は光を見て、良しとされた。神は光と闇を分け、光を昼と呼び、闇を夜と呼ばれた。夕べがあり、朝があった。第一の日である。

神は言われた。

「水の中に大空あれ。水と水を分けよ。」

神は大空を造り、大空の下と大空の上に水を分けさせられた。そのようになった。神は大空を天と呼ばれた。夕べがあり、朝があった。第二の日である。

神は言われた。

「天の下の水は一つ所に集まれ。乾いた所が現れよ。」

そのようになった。神は乾いた所を地と呼び、水の集まった所を海と呼ばれた。神はこれを見て、良しとされた。神は言われた。

「地は草を芽生えさせよ。種を持つ草と、それぞれの種を持つ実をつける果樹を、地に芽生えさせよ。」

そのようになった。地は草を芽生えさせ、それぞれの種を持つ草と、それぞれの種を持つ実をつける木を芽生えさせた。神はこれを見て、良しとされた。夕べがあり、朝があった。第三の日である。

神は言われた。

「天の大空に光る物があって、昼と夜を分け、季節のしるし、日や年のしるしとなれ。天の大空に光る物があって、地を照らせ。」

そのようになった。神は二つの大きな光る物と星を造り、大きな方に昼を治めさせ、小さな方に夜を治めさせられた。神はそれらを天の大空に置いて、地を照らさせ、昼と夜を治めさせ、光と闇を分けさせられた。神はこれを見て、良しとされた。夕べがあり、朝があった。第四の日である。

天地創造

creation of heaven and earth

神は言われた。
「生き物が水の中に群がれ。鳥は地の上、天の大空の面を飛べ。」
神は水に群がるもの、すなわち大きな怪物、うごめく生き物をそれぞれに、また、翼ある鳥をそれぞれに創造された。神はこれを見て、良しとされた。神はそれらのものを祝福して言われた。
「産めよ、増えよ、海の水に満ちよ。鳥は地の上に増えよ。」
夕べがあり、朝があった。第五の日である。
神は言われた。
「地は、それぞれの生き物を産み出せ。家畜、這《は》うもの、地の獣をそれぞれに産み出せ。」
そのようになった。神はそれぞれの地の獣、それぞれの家畜、それぞれの土を這うものを造られた。神はこれを見て、良しとされた。神は言われた。
「我々にかたどり、我々に似せて、人を造ろう。そして海の魚、空の鳥、家畜、地の獣、地を這うものすべてを支配させよう。」
神は御自分にかたどって人を創造された。
神にかたどって創造された。
男と女に創造された。
神は彼らを祝福して言われた。
「産めよ、増えよ、地に満ちて地を従わせよ。海の魚、空の鳥、地の上を這う生き物をすべて支配せよ。」
神は言われた。
「見よ、全地に生える、種を持つ草と種を持つ実をつける木を、すべてあなたたちに与えよう。それがあなたたちの食べ物となる。地の獣、空の鳥、地を這うものなど、すべて命あるものにはあらゆる青草を食べさせよう。」
そのようになった。神はお造りになったすべてのものを御覧になった。見よ、それは極めて良かった。夕べがあり、朝があった。第六の日である。

創世記　1章 2〜31節

アダムの創造

creation of Adam

主《しゅ》なる神は、土（アダマ）の塵《ちり》で人（アダム）を形づくり、
その鼻に命の息を吹き入れられた。人はこうして生きる者となった。

創世記　2章 7節

ミケランジェロ「アダムの創造」
1508-12　フレスコ　ヴァチカン、システィーナ礼拝堂

ミケランジェロ「エバの創造」1508-12
フレスコ　ヴァチカン、システィーナ礼拝堂

主《しゅ》なる神は、野のあらゆる獣、空のあらゆる鳥を土で形づくり、人のところへ持って来て、人がそれぞれをどう呼ぶか見ておられた。人が呼ぶと、それはすべて、生き物の名となった。人はあらゆる家畜、空の鳥、野のあらゆる獣に名を付けたが、自分に合う助ける者は見つけることができなかった。

主なる神はそこで、人を深い眠りに落とされた。人が眠り込むと、あばら骨の一部を抜き取り、その跡を肉でふさがれた。そして、人から抜き取ったあばら骨で女を造り上げられた。主なる神が彼女を人のところへ連れて来られると、人は言った。

「ついに、これこそ
わたしの骨の骨
わたしの肉の肉。これをこそ、女（イシャー）と呼ぼう
まさに、男（イシュ）から取られたものだから。」

こういうわけで、男は父母を離れて女と結ばれ、二人は一体となる。

人と妻は二人とも裸であったが、恥ずかしがりはしなかった。

創世記　2 章　19〜25 節

女の創造

creation of a woman

ミケランジェロ「堕落と楽園追放」
1508-12　フレスコ　ヴァチカン、システィーナ礼拝堂

蛇の誘惑

temptation of the snake

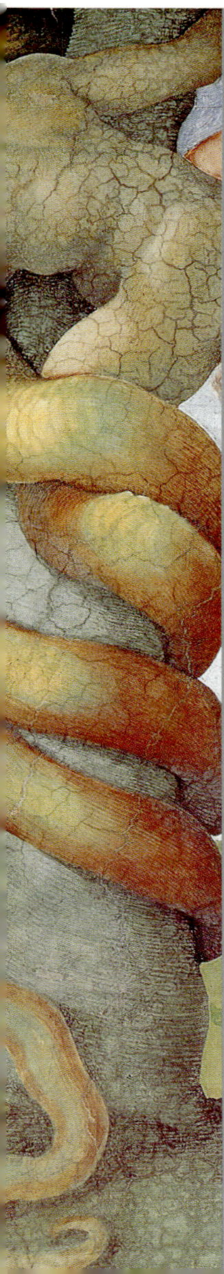

主《しゅ》なる神が造られた野の生き物のうちで、最も賢いのは蛇であった。蛇は女に言った。

「園のどの木からも食べてはいけない、などと神は言われたのか。」

女は蛇に答えた。

「わたしたちは園の木の果実を食べてもよいのです。でも、園の中央に生えている木の果実だけは、食べてはいけない、触れてもいけない、死んではいけないから、と神様はおっしゃいました。」

蛇は女に言った。

「決して死ぬことはない。それを食べると、目が開け、神のように善悪を知るものとなることを神はご存じなのだ。」

女が見ると、その木はいかにもおいしそうで、目を引き付け、賢くなるように唆《そそのか》していた。女は実を取って食べ、一緒にいた男にも渡したので、彼も食べた。二人の目は開け、自分たちが裸であることを知り、二人はいちじくの葉をつづり合わせ、腰を覆うものとした。

創世記　3 章　1～7 節

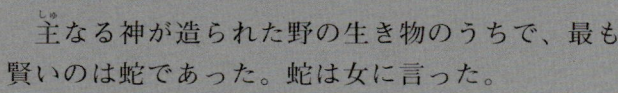

その日、風の吹くころ、主《しゅ》なる神が園の中を歩く音が聞こえてきた。アダムと女が、主なる神の顔を避けて、園の木の間に隠れると、主なる神はアダムを呼ばれた。
「どこにいるのか。」
彼は答えた。
「あなたの足音が園の中に聞こえたので、恐ろしくなり、隠れております。わたしは裸ですから。」
神は言われた。
「お前が裸であることを誰《だれ》が告げたのか。取って食べるなと命じた木から食べたのか。」
アダムは答えた。
「あなたがわたしと共にいるようにしてくださった女が、木から取って与えたので、食べました。」
主なる神は女に向かって言われた。
「何ということをしたのか。」
女は答えた。
「蛇がだましたので、食べてしまいました。」

創世記　3 章　8〜13 節

蛇の誘惑

temptation of the snake

デューラー「アダムとエバ」
1504　銅版画　ウィーン、アルベルティーナ素描版画館

蛇の誘惑

temptation of the snake

クラナハ「アダムとエバ」
1537以降　油彩　ブリュッセル、ベルギー王立美術館

ルーベンス「アダムとエバ」
1600　油彩　アントワープ、王立美術館

シュトック「アダムとエバ」
1912　油彩　個人蔵

蛇の誘惑

temptation of the snake

グース「原罪」
1470　油彩　ウイーン、美術史美術館

クリムト「アダムとエバ」
1917-18　油彩
ウイーン、オーストリア美術館

楽園追放

out of Eden

ミケランジェロ「堕落と楽園追放」
1508-12　フレスコ
ヴァチカン、システィーナ礼拝堂

　主《しゅ》なる神は、蛇に向かって言われた。
「このようなことをしたお前は
あらゆる家畜、あらゆる野の獣の中で
呪《のろ》われるものとなった。
お前は、生涯這《は》いまわり、塵《ちり》を食らう。
お前と女、お前の子孫と女の子孫の間に
わたしは敵意を置く。
彼はお前の頭を砕き
お前は彼のかかとを砕く。」
　神は女に向かって言われた。
「お前のはらみの苦しみを大きなものにする。
お前は、苦しんで子を産む。
お前は男を求め
彼はお前を支配する。」
　神はアダムに向かって言われた。
「お前は女の声に従い
　　取って食べるなと命じた木から食べた。
お前のゆえに、土は呪われるものとなった。
お前は、生涯食べ物を得ようと苦しむ。
お前に対して
土は茨《いばら》とあざみを生えいでさせる
野の草を食べようとするお前に。
お前は顔に汗を流してパンを得る
土に返るときまで。
お前がそこから取られた土に。
塵にすぎないお前は塵に返る。」

創世記　3 章　14～19 節

楽園追放

out of Eden

マサッチオ「楽園追放」
1424-27頃　フレスコ
フィレンツェ、ブランカッチ礼拝堂

レーニ「カイン、弟を殺す」
油彩　ウィーン、美術史美術館

カインとアベル

Cain and Abel

さて、アダムは妻エバを知った。彼女は身ごもってカインを産み、「わたしは主《しゅ》によって男子を得た」と言った。彼女はまたその弟アベルを産んだ。アベルは羊を飼う者となり、カインは土を耕す者となった。時を経て、カインは土の実りを主のもとに献げ物として持って来た。アベルは羊の群れの中から肥えた初子《ういご》を持って来た。主はアベルとその献げ物に目を留められたが、カインとその献げ物には目を留められなかった。カインは激しく怒って顔を伏せた。主はカインに言われた。

「どうして怒るのか。どうして顔を伏せるのか。もしお前が正しいのなら、顔を上げられるはずではないか。正しくないなら、罪は戸口で待ち伏せており、お前を求める。お前はそれを支配せねばならない。」

カインが弟アベルに言葉をかけ、二人が野原に着いたとき、カインは弟アベルを襲って殺した。

主はカインに言われた。

「お前の弟アベルは、どこにいるのか。」

カインは答えた。

「知りません。わたしは弟の番人でしょうか。」

主は言われた。

「何ということをしたのか。お前の弟の血が土の中からわたしに向かって叫んでいる。今、お前は呪《のろ》われる者となった。お前が流した弟の血を、口を開けて飲み込んだ土よりもなお、呪われる。土を耕しても、土はもはやお前のために作物を産み出すことはない。お前は地上をさまよい、さすらう者となる。」

カインは主に言った。

「わたしの罪は重すぎて負いきれません。　今日、あなたがわたしをこの土地から追放なさり、わたしが御顔《みかお》から隠されて、地上をさまよい、さすらう者となってしまえば、わたしに出会う者はだれであれ、わたしを殺すでしょう。」

主はカインに言われた。

「いや、それゆえカインを殺す者は、だれであれ七倍の復讐《ふくしゅう》を受けるであろう。」

主はカインに出会う者がだれも彼を撃つことのないように、カインにしるしを付けられた。　カインは主の前を去り、エデンの東、ノド（さすらい）の地に住んだ。

創世記　4章 1〜16節

ティントレット「カインとアベル」
1550-53　油彩　ヴェネツィア、アカデミア美術館

カインとアベル

Cain and Abel

バルトロメオ「カイン、弟を殺す」
油彩　フィレンツェ、ウフィツィ美術館

これはノアの物語である。その世代の中で、ノアは神に従う無垢《むく》な人であった。ノアは神と共に歩んだ。ノアには三人の息子、セム、ハム、ヤフェトが生まれた。

この地は神の前に堕落し、不法に満ちていた。神は地を御覧になった。見よ、それは堕落し、すべて肉なる者はこの地で堕落の道を歩んでいた。神はノアに言われた。

「すべて肉なるものを終わらせる時がわたしの前に来ている。彼らのゆえに不法が地に満ちている。見よ、わたしは地もろとも彼らを滅ぼす。

あなたはゴフェルの木の箱舟を造りなさい。箱舟には小部屋を幾つも造り、内側にも外側にもタールを塗りなさい。

次のようにしてそれを造りなさい。箱舟の長さを三百アンマ、幅を五十アンマ、高さを三十アンマにし、箱舟に明かり取りを造り、上から一アンマにして、それを仕上げなさい。箱舟の側面には戸口を造りなさい。また、一階と二階と三階を造りなさい。

見よ、わたしは地上に洪水をもたらし、命の霊をもつ、すべて肉なるものを天の下から滅ぼす。地上のすべてのものは息絶える。

創世記　6章 9～17節

「ノアの箱舟」木版画

レーニ「箱舟の建造」
1608　油彩　サンクト・ペテルブルク、エルミタージュ美術館

ノアの箱舟

Noah's ark

主《しゅ》はノアに言われた。

「さあ、あなたとあなたの家族は皆、箱舟に入りなさい。この世代の中であなただけはわたしに従う人だと、わたしは認めている。あなたは清い動物をすべて七つがいずつ取り、また、清くない動物をすべて一つがいずつ取りなさい。空の鳥も七つがい取りなさい。全地の面に子孫が生き続けるように。七日の後、わたしは四十日四十夜地上に雨を降らせ、わたしが造ったすべての生き物を地の面からぬぐい去ることにした。」ノアは、すべて主が命じられたとおりにした。

創世記　7章 1〜5節

ラファエロ「箱舟の建造」
フレスコ　ヴァチカン美術館

大洪水

the flood

ドレ「大洪水」
19世紀初　銅版画

洪水は四十日間地上を覆った。水は次第に増して箱舟を押し上げ、箱舟は大地を離れて浮かんだ。水は勢力を増し、地の上に大いにみなぎり、箱舟は水の面を漂った。水はますます勢いを加えて地上にみなぎり、およそ天の下にある高い山はすべて覆われた。水は勢いを増して更にその上十五アンマに達し、山々を覆った。

地上で動いていた肉なるものはすべて、鳥も家畜も獣も地に群がり這うものも人も、ことごとく息絶えた。乾いた地のすべてのもののうち、その鼻に命の息と霊のあるものはことごとく死んだ。地の面にいた生き物はすべて、人をはじめ、家畜、這うもの、空の鳥に至るまでぬぐい去られた。彼らは大地からぬぐい去られ、ノアと、彼と共に箱舟にいたものだけが残った。水は百五十日の間、地上で勢いを失わなかった。

創世記　7章　17〜24節

ミケランジェロ「ノアの洪水」
1508-12　フレスコ　ヴァチカン、システィーナ礼拝堂

鳩を放つ

releasing of a pigeon

四十日たって、ノアは自分が造った箱舟の窓を開き、烏《からす》を放した。烏は飛び立ったが、地上の水が乾くのを待って、出たり入ったりした。ノアは鳩《はと》を彼のもとから放して、地の面から水がひいたかどうかを確かめようとした。しかし、鳩は止まる所が見つからなかったので、箱舟のノアのもとに帰って来た。水がまだ全地の面を覆っていたからである。ノアは手を差し伸べて鳩を捕らえ、箱舟の自分のもとに戻した。更に七日待って、彼は再び鳩を箱舟から放した。鳩は夕方になってノアのもとに帰って来た。見よ、鳩はくちばしにオリーブの葉をくわえていた。ノアは水が地上からひいたことを知った。彼は更に七日待って、鳩を放した。鳩はもはやノアのもとに帰って来なかった。

創世記　８章　6〜12節

ミレイ「箱舟への鳩の帰還」
1851　油彩
オックスフォード、アッシュモーリアン美術館

ドレ「ノアの箱舟」
19世紀初　銅版画

祭壇を築く

Noah built an altar

ミケランジェロ「ノアの祭壇」
1508-12　フレスコ　ヴァチカン、システィーナ礼拝堂

神はノアに仰せになった。
「さあ、あなたもあなたの妻も、息子も嫁も、皆一緒に箱舟から出なさい。すべて肉なるもののうちからあなたのもとに来たすべての動物、鳥も家畜も地を這《は》うものも一緒に連れ出し、地に群がり、地上で子を産み、増えるようにしなさい。」
そこで、ノアは息子や妻や嫁と共に外へ出た。獣、這うもの、鳥、地に群がるもの、それぞれすべて箱舟から出た。
ノアは主《しゅ》のために祭壇を築いた。そしてすべての清い家畜と清い鳥のうちから取り、焼き尽くす献げ物として祭壇の上にささげた。主は宥《なだ》めの香りをかいで、御心《みこころ》に言われた。
「人に対して大地を呪《のろ》うことは二度とすまい。人が心に思うことは、幼いときから悪いのだ。わたしは、この度したように生き物をことごとく打つことは、二度とすまい。
地の続くかぎり、種蒔《たねま》きも刈り入れも
寒さも暑さも、夏も冬も
昼も夜も、やむことはない。」

創世記　8 章　15～22 節

「わたしは、あなたたちと、そして後に続く子孫と、契約を立てる。あなたたちと共にいるすべての生き物、またあなたたちと共にいる鳥や家畜や地のすべての獣など、箱舟から出たすべてのもののみならず、地のすべての獣と契約を立てる。わたしがあなたたちと契約を立てたならば、二度と洪水によって肉なるものがことごとく滅ぼされることはなく、洪水が起こって地を滅ぼすことも決してない。」

更に神は言われた。

「あなたたちならびにあなたたちと共にいるすべての生き物と、代々とこしえにわたしが立てる契約のしるしはこれである。すなわち、わたしは雲の中にわたしの虹《にじ》を置く。これはわたしと大地の間に立てた契約のしるしとなる。

虹の契約

God's covenant with Noah

わたしが地の上に雲を湧《わ》き起こらせ、雲の中に虹が現れると、わたしは、わたしとあなたたちならびにすべての生き物、すべて肉なるものとの間に立てた契約に心を留める。水が洪水となって、肉なるものをすべて滅ぼすことは決してない。雲の中に虹が現れると、わたしはそれを見て、神と地上のすべての生き物、すべて肉なるものとの間に立てた永遠の契約に心を留める。」

神はノアに言われた。

「これが、わたしと地上のすべて肉なるものとの間に立てた契約のしるしである。」

創世記　9 章　9～17 節

ウェスト「祭壇に動物を捧げるノア」
1783　油彩

箱舟から出たノアの息子は、セム、ハム、ヤフェトであった。ハムはカナンの父である。この三人がノアの息子で、全世界の人々は彼らから出て広がったのである。

さて、ノアは農夫となり、ぶどう畑を作った。あるとき、ノアはぶどう酒を飲んで酔い、天幕の中で裸になっていた。カナンの父ハムは、自分の父の裸を見て、外にいた二人の兄弟に告げた。セムとヤフェトは着物を取って自分たちの肩に掛け、後ろ向きに歩いて行き、父の裸を覆った。二人は顔を背けたままで、父の裸を見なかった。ノアは酔いからさめると、末の息子がしたことを知り、こう言った。

「カナンは呪《のろ》われよ

奴隷の奴隷となり、兄たちに仕えよ。」

また言った。

「セムの神、主《しゅ》をたたえよ。

カナンはセムの奴隷となれ。

神がヤフェトの土地を広げ（ヤフェト）

セムの天幕に住まわせ

カナンはその奴隷となれ。」

ノアは、洪水の後三百五十年生きた。

創世記　9章　18～28節

ノアの泥酔

a drunkard Noah

ミケランジェロ「ノアの泥酔」
1508-12　フレスコ　ヴァチカン、システィーナ礼拝堂

ドレ「天に届くバベルの塔」
19世紀初　銅版画

バベルの塔

the tower of Babel

世界中は同じ言葉を使って、同じように話していた。東の方から移動してきた人々は、シンアルの地に平野を見つけ、そこに住み着いた。

彼らは、「れんがを作り、それをよく焼こう」と話し合った。石の代わりにれんがを、しっくいの代わりにアスファルトを用いた。彼らは、「さあ、天まで届く塔のある町を建て、有名になろう。そして、全地に散らされることのないようにしよう」と言った。

主《しゅ》は降《くだ》って来て、人の子らが建てた、塔のあるこの町を見て、言われた。

「彼らは一つの民で、皆一つの言葉を話しているから、このようなことをし始めたのだ。これでは、彼らが何を企てても、妨げることはできない。我々は降って行って、直ちに彼らの言葉を混乱させ、互いの言葉が聞き分けられぬようにしてしまおう。」

主は彼らをそこから全地に散らされたので、彼らはこの町の建設をやめた。こういうわけで、この町の名はバベルと呼ばれた。主がそこで全地の言葉を混乱（バラル）させ、また、主がそこから彼らを全地に散らされたからである。

創世記　11 章　1～9 節

バベルの塔

the tower of Babel

ピーテル・ブリューゲル「バベルの塔」
1563　油彩　ウイーン、美術史美術館

主《しゅ》はアブラムに言われた。
「あなたは生まれ故郷
父の家を離れて
わたしが示す地に行きなさい。
わたしはあなたを大いなる国民にし
あなたを祝福し、あなたの名を高める
祝福の源となるように。
あなたを祝福する人をわたしは祝福し
あなたを呪《のろ》う者をわたしは呪う。
地上の氏族はすべて
あなたによって祝福に入る。」

アブラムの召命と移住

the call of Abram

アブラムは、主の言葉に従って旅立った。ロトも共に行った。
アブラムは、ハランを出発したとき七十五歳であった。アブラムは妻のサライ、甥《おい》のロトを連れ、蓄えた財産をすべて携え、ハランで加わった人々と共にカナン地方へ向かって出発し、カナン地方に入った。アブラムはその地を通り、シケムの聖所《せいじょ》、モレの樫《かし》の木まで来た。当時、その地方にはカナン人が住んでいた。
主はアブラムに現れて、言われた。
「あなたの子孫にこの土地を与える。」
アブラムは、彼に現れた主のために、そこに祭壇を築いた。
アブラムは、そこからベテルの東の山へ移り、西にベテル、東にアイを望む所に天幕を張って、そこにも主のために祭壇を築き、主の御名《みな》を呼んだ。アブラムは更に旅を続け、ネゲブ地方へ移った。

創世記　12章　1〜9節

アブラムの妻サライには、子供が生まれなかった。彼女には、ハガルというエジプト人の女奴隷がいた。サライはアブラムに言った。

「主《しゅ》はわたしに子供を授けてくださいません。どうぞ、わたしの女奴隷のところに入ってください。わたしは彼女によって、子供を与えられるかもしれません。」

アブラムは、サライの願いを聞き入れた。アブラムの妻サライは、エジプト人の女奴隷ハガルを連れて来て、夫アブラムの側女《そばめ》とした。アブラムがカナン地方に住んでから、十年後のことであった。アブラムはハガルのところに入り、彼女は身ごもった。ところが、自分が身ごもったのを知ると、彼女は女主人を軽んじた。

創世記　16 章 1〜4 節

サライとハガル

Sarai and Hagar

ストーメル「ハガルをアブラハムに連れてくるサラ」
1630　油彩

アブラムとハガル

Abram and Hagar

ウェルフ
「サラがアブラハムに訴える」
1699　油彩

サライはアブラムに言った。
「わたしが不当な目に遭ったのは、あなたのせいです。
女奴隷をあなたのふところに与えたのはわたしなのに、
彼女は自分が身ごもったのを知ると、わたしを軽んじるようになりました。
主《しゅ》がわたしとあなたとの間を裁かれますように。」
アブラムはサライに答えた。
「あなたの女奴隷はあなたのものだ。好きなようにするがいい。」
サライは彼女につらく当たったので、彼女はサライのもとから逃げた。
主の御《み》使《つか》いが荒れ野の泉のほとり、
シュル街道に沿う泉のほとりで彼女と出会って、言った。
「サライの女奴隷ハガルよ。あなたはどこから来て、
どこへ行こうとしているのか。」
「女主人サライのもとから逃げているところです」と答えると、
主の御使いは言った。
「女主人のもとに帰り、従順に仕えなさい。」
主の御使いは更に言った。
「わたしは、あなたの子孫を数えきれないほど多く増やす。」

創世記　16章 5～10節

主《しゅ》の御使《みつか》いはまた言った。
「今、あなたは身ごもっている。
やがてあなたは男の子を産む。
その子をイシュマエルと名付けなさい
主があなたの悩みをお聞きになられたから。
彼は野生のろばのような人になる。
彼があらゆる人にこぶしを振りかざすので
人々は皆、彼にこぶしを振るう。
彼は兄弟すべてに敵対して暮らす。」

ハガルは自分に語りかけた主の御名《みな》を呼んで、
「あなたこそエル・ロイ（わたしを顧みられる神）
です」と言った。それは、彼女が、「神がわたしを
顧みられた後もなお、わたしはここで見続けていたではないか」
と言ったからである。そこで、その井戸は、
ベエル・ラハイ・ロイと呼ばれるようになった。
それはカデシュとベレドの間にある。

ハガルはアブラムとの間に男の子を産んだ。
アブラムは、ハガルが産んだ男の子をイシュマエルと名付けた。

創世記　16 章　11〜15 節

ハガルとイシュマエル

Hagar and Ishmael

ティエポロ「ハガルと天使」
1732　油彩　ヴェネツィア

契約と割礼

the covenant of circumcision

アブラムが九十九歳になったとき、主《しゅ》はアブラムに現れて言われた。

「わたしは全能の神である。あなたはわたしに従って歩み、全き者となりなさい。わたしは、あなたとの間にわたしの契約を立て、あなたをますます増やすであろう。」アブラムはひれ伏した。神は更に、語りかけて言われた。

「これがあなたと結ぶわたしの契約である。あなたは多くの国民の父となる。あなたは、もはやアブラムではなく、アブラハムと名乗りなさい。あなたを多くの国民の父とするからである。わたしは、あなたをますます繁栄させ、諸国民の父とする。王となる者たちがあなたから出るであろう。

わたしは、あなたとの間に、また後に続く子孫との間に契約を立て、それを永遠の契約とする。そして、あなたとあなたの子孫の神となる。わたしは、あなたが滞在しているこのカナンのすべての土地を、あなたとその子孫に、永久の所有地として与える。わたしは彼らの神となる。」

神はまた、アブラハムに言われた。

「だからあなたも、わたしの契約を守りなさい、あなたも後に続く子孫も。あなたたち、およびあなたの後に続く子孫と、わたしとの間で守るべき契約はこれである。すなわち、あなたたちの男子はすべて、割《かつ》礼《れい》を受ける。包皮の部分を切り取りなさい。これが、わたしとあなたたちとの間の契約のしるしとなる。いつの時代でも、あなたたちの男子はすべて、直系の子孫はもちろんのこと、家で生まれた奴隷も、外国人から買い取った奴隷であなたの子孫でない者も皆、生まれてから八日目に割礼を受けなければならない。あなたの家で生まれた奴隷も、買い取った奴隷も、必ず割礼を受けなければならない。それによって、わたしの契約はあなたの体に記されて永遠の契約となる。包皮の部分を切り取らない無割礼の男がいたなら、その人は民の間から断たれる。わたしの契約を破ったからである。」

創世記　17 章　1〜14 節

バロッチ「割礼」
1590　油彩　パリ、ルーヴル美術館

マンテーニャ「割礼」
1462-64　テンペラ
フィレンツェ、ウフィツィ美術館

アンジェリコ「割礼」
1451-53　フィレンツェ、サン・マルコ修道院

契約と割礼

the covenant of circumcision

神はこう語り終えると、アブラハムを離れて昇って行かれた。

アブラハムは、息子のイシュマエルをはじめ、家で生まれた奴隷や買い取った奴隷など、自分の家にいる人々のうち、男子を皆集めて、すぐその日に、神が命じられたとおり包皮に割《かつ》礼《れい》を施した。アブラハムが包皮に割礼を受けたのは、九十九歳、息子イシュマエルが包皮に割礼を受けたのは、十三歳であった。アブラハムと息子のイシュマエルは、すぐその日に割礼を受けた。

創世記　17 章　22〜26 節

イサクの誕生の予告

a son is promised to Abraham

主《しゅ》はマムレの樫《かし》の木の所でアブラハムに現れた。暑い真昼に、アブラハムは天幕の入り口に座っていた。目を上げて見ると、三人の人が彼に向かって立っていた。アブラハムはすぐに天幕の入り口から走り出て迎え、地にひれ伏して、言った。

「お客様、よろしければ、どうか、僕《しもべ》のもとを通り過ぎないでください。水を少々持って来させますから、足を洗って、木陰でどうぞひと休みなさってください。何か召し上がるものを調えますので、疲れをいやしてから、お出かけください。せっかく、僕の所の近くをお通りになったのですから。」

その人たちは言った。

「では、お言葉どおりにしましょう。」

アブラハムは急いで天幕に戻り、サラのところに来て言った。

「早く、上等の小麦粉を三セアほどこねて、パン菓子をこしらえなさい。」

アブラハムは牛の群れのところへ走って行き、柔らかくておいしそうな子牛を選び、召し使いに渡し、急いで料理させた。アブラハムは、凝乳、乳、出来立ての子牛の料理などを運び、彼らの前に並べた。そして、彼らが木陰で食事をしている間、そばに立って給仕をした。

創世記　18 章　1～8 節

ティエポロ「アブラハムに現れた３人の御使い」
1769　油彩　マドリード、プラド美術館

ティエポロ「サラを訪れる天使」部分
フレスコ　イタリア、パトリアカーレ宮殿

イサクの誕生の予告

the announcement of the birth of Isaac

主《しゅ》はアブラハムに言われた。
「なぜサラは笑ったのか。なぜ年をとった自分に子供が生まれるはずがないと思ったのだ。主に不可能なことがあろうか。来年の今ごろ、わたしはここに戻ってくる。そのころ、サラには必ず男の子が生まれている。」サラは恐ろしくなり、打ち消して言った。「わたしは笑いませんでした。」主は言われた。「いや、あなたは確かに笑った。」

創世記　18 章　13〜15 節

二人の御使《みつか》いが夕方ソドムに着いたとき、ロトはソドムの門の所に座っていた。ロトは彼らを見ると、立ち上がって迎え、地にひれ伏して、言った。
「皆様方、どうぞ僕《しもべ》の家に立ち寄り、足を洗ってお泊まりください。そして、明日の朝早く起きて出立なさってください。」彼らは言った。「いや、結構です。わたしたちはこの広場で夜を過ごします。」しかし、ロトがぜひにと勧めたので、彼らはロトの所に立ち寄ることにし、彼の家を訪ねた。ロトは、酵母を入れないパンを焼いて食事を供し、彼らをもてなした。
彼らがまだ床に就かないうちに、ソドムの町の男たちが、若者も年寄りもこぞって押しかけ、家を取り囲んで、わめきたてた。
「今夜、お前のところへ来た連中はどこにいる。ここへ連れて来い。なぶりものにしてやるから。」
ロトは、戸口の前にたむろしている男たちのところへ出て行き、後ろの戸を閉めて、言った。
「どうか、皆さん、乱暴なことはしないでください。実は、わたしにはまだ嫁がせていない娘が二人おります。皆さんにその娘たちを差し出しますから、好きなようにしてください。ただ、あの方々には何もしないでください。この家の屋根の下に身を寄せていただいたのですから。」
男たちは口々に言った。
「そこをどけ。」
「こいつは、よそ者のくせに、指図などして。」
「さあ、彼らより先に、お前を痛い目に遭わせてやる。」
そして、ロトに詰め寄って体を押しつけ、戸を破ろうとした。
二人の客はそのとき、手を伸ばして、ロトを家の中に引き入れて戸を閉め、戸口の前にいる男たちに、老若を問わず、目つぶしを食わせ、戸口を分からなくした。二人の客はロトに言った。

ソドムの滅亡

Sodom and Gomorrah destroyed

ストーメル「ロトの家族を導く天使」
1630　油彩

「ほかに、あなたの身内の人がこの町にいますか。あなたの婿や息子や娘などを皆連れてここから逃げなさい。実は、わたしたちはこの町を滅ぼしに来たのです。大きな叫びが主《しゅ》のもとに届いたので、主は、この町を滅ぼすためにわたしたちを遣わされたのです。」

ロトは嫁いだ娘たちの婿のところへ行き、「さあ早く、ここから逃げるのだ。主がこの町を滅ぼされるからだ」と促したが、婿たちは冗談だと思った。

ヤン・ブリューゲル「ロトと娘たち」
1620　油彩

ソドムの滅亡

Sodom and Gomorrah destroyed

夜が明けるころ、御使《みつか》いたちはロトをせきたてて言った。

「さあ早く、あなたの妻とここにいる二人の娘を連れて行きなさい。さもないと、この町に下る罰の巻き添えになって滅ぼされてしまう。」

ロトはためらっていた。主《しゅ》は憐《あわ》れんで、二人の客にロト、妻、二人の娘の手をとらせて町の外へ避難するようにされた。彼らがロトたちを町外れへ連れ出したとき、主は言われた。

「命がけで逃れよ。後ろを振り返ってはいけない。低地のどこにもとどまるな。山へ逃げなさい。さもないと、滅びることになる。」

ロトは言った。

「主よ、できません。あなたは僕《しもべ》に目を留め、慈しみを豊かに示し、命を救おうとしてくださいます。しかし、わたしは山まで逃げ延びることはできません。恐らく、災害に巻き込まれて、死んでしまうでしょう。御覧ください、あの町を。あそこなら近いので、逃げて行けると思います。あれは小さな町です。あそこへ逃げさせてください。あれはほんの小さな町です。どうか、そこでわたしの命を救ってください。」

主は言われた。

「よろしい。そのこともあなたの願いを聞き届け、あなたの言うその町は滅ぼさないことにしよう。急いで逃げなさい。あなたがあの町に着くまでは、わたしは何も行わないから。」

そこで、その町はツォアル（小さい）と名付けられた。

太陽が地上に昇ったとき、ロトはツォアルに着いた。主はソドムとゴモラの上に天から、主のもとから硫黄の火を降らせ、これらの町と低地一帯を、町の全住民、地の草木もろとも滅ぼした。ロトの妻は後ろを振り向いたので、塩の柱になった。

アブラハムは、その朝早く起きて、さきに主と対面した場所へ行き、ソドムとゴモラ、および低地一帯を見下ろすと、炉の煙のように地面から煙が立ち上っていた。

こうして、ロトの住んでいた低地の町々は滅ぼされたが、神はアブラハムを御心《みこころ》に留め、ロトを破滅のただ中から救い出された。

創世記　19章 15〜29節

ロトはツォアルを出て、二人の娘と山の中に住んだ。ツォアルに住むのを恐れたからである。彼は洞穴に二人の娘と住んだ。姉は妹に言った。

「父も年老いてきました。この辺りには、世のしきたりに従って、わたしたちのところへ来てくれる男の人はいません。さあ、父にぶどう酒を飲ませ、床を共にし、父から子種を受けましょう。」

娘たちはその夜、父親にぶどう酒を飲ませ、姉がまず、父親のところへ入って寝た。父親は、娘が寝に来たのも立ち去ったのも気がつかなかった。

ロトの娘たち

Lot and his daughters

ロレンツォ・リッピ「ロトと娘たち」
1645　油彩
フィレンツェ、ウフィツィ美術館

あくる日、姉は妹に言った。

「わたしは夕べ父と寝ました。今晩も父にぶどう酒を飲ませて、あなたが行って父と床を共にし、父から子種をいただきましょう。」

娘たちはその夜もまた、父親にぶどう酒を飲ませ、妹が父親のところへ行って寝た。父親は、娘が寝に来たのも立ち去ったのも気がつかなかった。

このようにして、ロトの二人の娘は父の子を身ごもり、やがて、姉は男の子を産み、モアブ（父親より）と名付けた。彼は今日のモアブ人の先祖である。妹もまた男の子を産み、ベン・アミ（わたしの肉親の子）と名付けた。彼は今日のアンモンの人々の先祖である。

創世記　19章　30〜38節

アブラハム、イサクをささげる

Abraham tested

これらのことの後で、神はアブラハムを試された。

神が、「アブラハムよ」と呼びかけ、彼が、「はい」と答えると、神は命じられた。

「あなたの息子、あなたの愛する独り子イサクを連れて、モリヤの地に行きなさい。わたしが命じる山の一つに登り、彼を焼き尽くす献げ物としてささげなさい。」

次の朝早く、アブラハムはろばに鞍《くら》を置き、献げ物に用いる薪《たきぎ》を割り、二人の若者と息子イサクを連れ、神の命じられた所に向かって行った。

三日目になって、アブラハムが目を凝らすと、遠くにその場所が見えたので、アブラハムは若者に言った。

「お前たちは、ろばと一緒にここで待っていなさい。わたしと息子はあそこへ行って、礼拝をして、また戻ってくる。」

創世記　22章　1〜5節

レンブラント「イサクの犠牲」
1635　油彩　サンクト・ペテルブルク、エルミタージュ美術館

アブラハム、イサクをささげる

Abraham tested

カラヴァッジオ「イサクの犠牲」
1603　油彩　フィレンツェ、ウフィツィ美術館

アブラハムは、焼き尽くす献げ物に用いる薪《たきぎ》を取って、息子イサクに背負わせ、自分は火と刃物を手に持った。二人は一緒に歩いて行った。

イサクは父アブラハムに、「わたしのお父さん」と呼びかけた。彼が、「ここにいる。わたしの子よ」と答えると、イサクは言った。

「火と薪はここにありますが、焼き尽くす献げ物にする小羊はどこにいるのですか。」

アブラハムは答えた。

「わたしの子よ、焼き尽くす献げ物の小羊はきっと神が備えてくださる。」二人は一緒に歩いて行った。

神が命じられた場所に着くと、アブラハムはそこに祭壇を築き、薪を並べ、息子イサクを縛って祭壇の薪の上に載せた。そしてアブラハムは、手を伸ばして刃物を取り、息子を屠《ほふ》ろうとした。

そのとき、天から主《しゅ》の御《み》使《つか》いが、「アブラハム、アブラハム」と呼びかけた。彼が、「はい」と答えると、御使いは言った。

「その子に手を下すな。何もしてはならない。あなたが神を畏《おそ》れる者であることが、今、分かったからだ。あなたは、自分の独り子である息子すら、わたしにささげることを惜しまなかった。」

アブラハムは目を凝らして見回した。すると、後ろの木の茂みに一匹の雄羊が角《つの》をとられていた。アブラハムは行ってその雄羊を捕まえ、息子の代わりに焼き尽くす献げ物としてささげた。

アブラハムはその場所をヤーウェ・イルエ（主は備えてくださる）と名付けた。そこで、人々は今日でも「主の山に、備えあり（イエラエ）」と言っている。

創世記　22 章 6〜14 節

アブラハム、イサクをささげる

Abraham tested

デル・サルト「イサクの犠牲」
1525-30　油彩　マドリード、プラド美術館

マンテーニャ「イサクの犠牲」
1490-95　ウィーン、美術史美術館

イサクとリベカの結婚

Isaac and Rebekah

プッサン「エリエゼルとリベカ」
1648　油彩　パリ、ルーヴル美術館

アブラハムは多くの日を重ね老人になり、主《しゅ》は何事においてもアブラハムに祝福をお与えになっていた。
アブラハムは家の全財産を任せている年寄りの僕《しもべ》に言った。
「手をわたしの腿《もも》の間に入れ、天の神、地の神である主にかけて誓いなさい。あなたはわたしの息子の嫁をわたしが今住んでいるカナンの娘から取るのではなく、わたしの一族のいる故郷へ行って、嫁を息子イサクのために連れて来るように。」
僕は尋ねた。
「もしかすると、その娘がわたしに従ってこの土地へ来たくないと言うかもしれません。その場合には、御子息をあなたの故郷にお連れしてよいでしょうか。」

ジミグナーニ
「イサクとリベカ」
1630　油彩

アブラハムは答えた。

「決して、息子をあちらへ行かせてはならない。天の神である主は、わたしを父の家、生まれ故郷から連れ出し、『あなたの子孫にこの土地を与える』と言って、わたしに誓い、約束してくださった。その方がお前の行く手に御使《みつか》いを遣わして、そこから息子に嫁を連れて来ることができるようにしてくださる。もし女がお前に従ってこちらへ来たくないと言うならば、お前は、わたしに対するこの誓いを解かれる。ただわたしの息子をあちらへ行かせることだけはしてはならない。」

創世記　24 章　1〜8 節

イサクとリベカの結婚

Isaac and Rebekah

そこで、僕《しもべ》は主人アブラハムの腿《もも》の間に手を入れ、このことを彼に誓った。僕は主人のらくだの中から十頭を選び、主人から預かった高価な贈り物を多く携え、アラム・ナハライムのナホルの町に向かって出発した。

女たちが水くみに来る夕方、彼は、らくだを町外れの井戸の傍《かたわ》らに休ませて、祈った。

「主人アブラハムの神、主《しゅ》よ。どうか、今日、わたしを顧みて、主人アブラハムに慈しみを示してください。わたしは今、御覧のように、泉の傍らに立っています。この町に住む人の娘たちが水をくみに来たとき、その一人に、『どうか、水がめを傾けて、飲ませてください』と頼んでみます。その娘が、『どうぞ、お飲みください。らくだにも飲ませてあげましょう』と答えれば、彼女こそ、あなたがあなたの僕イサクの嫁としてお決めになったものとさせてください。そのことによってわたしは、あなたが主人に慈しみを示されたのを知るでしょう。」

僕がまだ祈り終わらないうちに、見よ、リベカが水がめを肩に載せてやって来た。彼女は、アブラハムの兄弟ナホルとその妻ミルカの息子ベトエルの娘で、際立って美しく、男を知らない処女であった。彼女が泉に下りて行き、水がめに水を満たして上がって来ると、僕は駆け寄り、彼女に向かい合って語りかけた。

「水がめの水を少し飲ませてください。」

すると彼女は、「どうぞ、お飲みください」と答え、すぐに水がめを下ろして手に抱え、彼に飲ませた。彼が飲み終わると、彼女は、「らくだにも水をくんで来て、たっぷり飲ませてあげましょう」と言いながら、すぐにかめの水を水槽に空け、また水をくみに井戸に走って行った。こうして、彼女はすべてのらくだに水をくんでやった。その間、僕は主がこの旅の目的をかなえてくださるかどうかを知ろうとして、黙って彼女を見つめていた。

らくだが水を飲み終わると、彼は重さ一ベカの金の鼻輪一つと十シェケルの金の腕輪二つを取り出しながら、「あなたは、どなたの娘さんですか。教えてください。お父さまの家にはわたしどもが泊めていただける場所があるでしょうか」と尋ねた。すると彼女は、「わたしは、ナホルとその妻ミルカの子ベトエルの娘です」と答え、更に続けて、「わたしどもの所にはわらも餌《えさ》もたくさんあります。お泊まりになる場所もございます」と言った。

彼はひざまずいて主を伏し拝み、「主人アブラハムの神、主はたたえられますように。主の慈しみとまことはわたしの主人を離れず、主はわたしの旅路を導き、主人の一族の家にたどりつかせてくださいました」と祈った。

創世記　24章　9～27節

イサクとリベカの結婚

Isaac and Rebekah

シャガール「リベカの結婚のための僕」
1931　リトグラフ

イサクはネゲブ地方に住んでいた。そのころ、ベエル・ラハイ・ロイから帰ったところであった。夕方暗くなるころ、野原を散策していた。目を上げて眺めると、らくだがやって来るのが見えた。リベカも目を上げて眺め、イサクを見た。リベカはらくだから下り、「野原を歩いて、わたしたちを迎えに来るあの人は誰《だれ》ですか」と僕《しもべ》に尋ねた。「あの方がわたしの主人です」と僕が答えると、リベカはベールを取り出してかぶった。僕は、自分が成し遂げたことをすべてイサクに報告した。イサクは、母サラの天幕に彼女を案内した。彼はリベカを迎えて妻とした。イサクは、リベカを愛して、亡くなった母に代わる慰めを得た。

創世記　24 章 62〜67 節

ロラン「リベカの結婚」
1648　油彩　ロンドン、ナショナル・ギャラリー

ラストマン「カナンへの途上」
1614　油彩　サンクト・ペテルブルク、エルミタージュ美術館

イサクとリベカの結婚

Isaac and Rebekah

アブラハムの息子イサクの系図は次のとおりである。
アブラハムにはイサクが生まれた。
イサクは、リベカと結婚したとき四十歳であった。
リベカは、パダン・アラムのアラム人ベトエルの娘で、
アラム人ラバンの妹であった。
イサクは、妻に子供ができなかったので、
妻のために主《しゅ》に祈った。
その祈りは主に聞き入れられ、妻リベカは身ごもった。
ところが、胎内で子供たちが押し合うので、
リベカは、「これでは、わたしはどうなるのでしょう」と言って、
主の御心《みこころ》を尋ねるために出かけた。主は彼女に言われた。
「二つの国民があなたの胎内に宿っており
二つの民があなたの腹の内で分かれ争っている。
一つの民が他の民より強くなり
兄が弟に仕えるようになる。」
月が満ちて出産の時が来ると、胎内にはまさしく双子がいた。
先に出てきた子は赤くて、全身が毛皮の衣のようであったので、
エサウと名付けた。その後で弟が出てきたが、
その手がエサウのかかと（アケブ）をつかんでいたので、
ヤコブと名付けた。リベカが二人を産んだとき、
イサクは六十歳であった。

創世記　25 章　19～26 節

テルブリッゲン
「長子の権利を売るエサウ」
1637　油彩

エサウとヤコブの誕生

Jacob and Esau

エサウとヤコブの誕生

Jacob and Esau

　二人の子供は成長して、エサウは巧みな狩人で野の人となったが、ヤコブは穏やかな人で天幕の周りで働くのを常とした。イサクはエサウを愛した。狩りの獲物が好物だったからである。しかし、リベカはヤコブを愛した。ある日のこと、ヤコブが煮物をしていると、エサウが疲れきって野原から帰って来た。エサウはヤコブに言った。

「お願いだ、その赤いもの（アドム）、そこの赤いものを食べさせてほしい。わたしは疲れきっているんだ。」彼が名をエドムとも呼ばれたのはこのためである。ヤコブは言った。

「まず、お兄さんの長子の権利を譲ってください。」

「ああ、もう死にそうだ。長子の権利などどうでもよい」とエサウが答えると、ヤコブは言った。

「では、今すぐ誓ってください。」

　エサウは誓い、長子の権利をヤコブに譲ってしまった。ヤコブはエサウにパンとレンズ豆の煮物を与えた。エサウは飲み食いしたあげく立ち、去って行った。こうしてエサウは、長子の権利を軽んじた。

創世記　25章 27〜34節

ストーメル「長子の権利を売るエサウ」
油彩　サンクト・ペテルブルク、
エルミタージュ美術館

ヴィクトース
「長子の権利を売るエサウ」
1653　油彩　ワルシャワ、国立美術館

イサクは年をとり、目がかすんで見えなくなってきた。そこで上の息子のエサウを呼び寄せて、「息子よ」と言った。エサウが、「はい」と答えると、イサクは言った。

「こんなに年をとったので、わたしはいつ死ぬか分からない。今すぐに、弓と矢筒など、狩りの道具を持って野に行き、獲物を取って来て、わたしの好きなおいしい料理を作り、ここへ持って来てほしい。死ぬ前にそれを食べて、わたし自身の祝福をお前に与えたい。」

リベカは、イサクが息子のエサウに話しているのを聞いていた。エサウが獲物を取りに野に行くと、リベカは息子のヤコブに言った。

「今、お父さんが兄さんのエサウにこう言っているのを耳にしました。

『獲物を取って来て、あのおいしい料理を作ってほしい。わたしは死ぬ前にそれを食べて、主《しゅ》の御前《みまえ》でお前を祝福したい』と。わたしの子よ。今、わたしが言うことをよく聞いてそのとおりにしなさい。家畜の群れのところへ行って、よく肥えた子山羊を二匹取って来なさい。わたしが、それでお父さんの好きなおいしい料理を作りますから、それをお父さんのところへ持って行きなさい。お父さんは召し上がって、亡くなる前にお前を祝福してくださるでしょう。」

リベカの計略

a stratagem of Rebekah

しかし、ヤコブは母リベカに言った。

「でも、エサウ兄さんはとても毛深いのに、わたしの肌は滑らかです。お父さんがわたしに触れば、だましているのが分かります。そうしたら、わたしは祝福どころか、反対に呪《のろ》いを受けてしまいます。」

母は言った。

「わたしの子よ。そのときにはお母さんがその呪いを引き受けます。ただ、わたしの言うとおりに、行って取って来なさい 。」

ヤコブは取りに行き、母のところに持って来たので、母は父の好きなおいしい料理を作った。リベカは、家にしまっておいた上の息子エサウの晴れ着を取り出して、下の息子ヤコブに着せ、子山羊の毛皮を彼の腕や滑らかな首に巻きつけて、自分が作ったおいしい料理とパンを息子ヤコブに渡した。

創世記　27 章　1～17 節

ヤコブへの祝福

Jacob gets Isaac's blessing

ムリーリョ「ヤコブを祝福するイサク」
1665　油彩　サンクト・ペテルブルク、エルミタージュ美術館

ヤコブは、父のもとへ行き、「わたしのお父さん」と呼びかけた。父が、「ここにいる。わたしの子よ。誰《だれ》だ、お前は」と尋ねると、ヤコブは言った。「長男のエサウです。お父さんの言われたとおりにしてきました。さあ、どうぞ起きて、座ってわたしの獲物を召し上がり、お父さん自身の祝福をわたしに与えてください。」「わたしの子よ、どうしてまた、こんなに早くしとめられたのか」と、イサクが息子に尋ねると、ヤコブは答えた。「あなたの神、主がわたしのために計らってくださったからです。」イサクはヤコブに言った。「近寄りなさい。わたしの子に触って、本当にお前が息子のエサウかどうか、確かめたい。」

ヤコブが父イサクに近寄ると、イサクは彼に触りながら言った。「声はヤコブの声だが、腕はエサウの腕だ。」イサクは、ヤコブの腕が兄エサウの腕のように毛深くなっていたので、見破ることができなかった。そこで、彼は祝福しようとして、言った。「お前は本当にわたしの子エサウなのだな。」ヤコブは、「もちろんです」と答えた。イサクは言った。「では、お前の獲物をここへ持って来なさい。それを食べて、わたし自身の祝福をお前に与えよう。」ヤコブが料理を差し出すと、イサクは食べ、ぶどう酒をつぐと、それを飲んだ。それから、父イサクは彼に言った。「わたしの子よ、近寄ってわたしに口づけをしなさい。」ヤコブが近寄って口づけをすると、イサクは、ヤコブの着物の匂《にお》いをかいで、祝福して言った。

祝福をだまし取るヤコブ

Jacob gets Isaac's blessing

「ああ、わたしの子の香りは
主が祝福された野の香りのようだ。
どうか、神が
天の露と地の産み出す豊かなもの
穀物とぶどう酒を
お前に与えてくださるように。
多くの民がお前に仕え
多くの国民がお前にひれ伏す。
お前は兄弟たちの主人となり
母の子らもお前にひれ伏す。
お前を呪う者は呪われ
お前を祝福する者は
祝福されるように。」

創世記　27 章　18〜29 節

フリンク「ヤコブを祝福するイサク」
1638　油彩
オランダ、アムステルダム国立美術館

リベラ「イサクの祝福を受けるヤコブ」
油彩　マドリード、プラド美術館

祝福をだまし取るヤコブ

Jacob gets Isaac's blessing

エサウは、父がヤコブを祝福したことを根に持って、ヤコブを憎むようになった。そして、心の中で言った。「父の喪の日も遠くない。そのときがきたら、必ず弟のヤコブを殺してやる。」ところが、上の息子エサウのこの言葉が母リベカの耳に入った。彼女は人をやって、下の息子のヤコブを呼び寄せて言った。「大変です。エサウ兄さんがお前を殺して恨みを晴らそうとしています。わたしの子よ。今、わたしの言うことをよく聞き、急いでハランに、わたしの兄ラバンの所へ逃げて行きなさい。そして、お兄さんの怒りが治まるまで、しばらく伯父さんの所に置いてもらいなさい。そのうちに、お兄さんの憤りも治まり、お前のしたことを忘れてくれるだろうから、そのときには人をやってお前を呼び戻します。一日のうちにお前たち二人を失うことなど、どうしてできましょう。」

イサクはヤコブを呼び寄せて祝福して、命じた。

「お前はカナンの娘の中から妻を迎えてはいけない。ここをたって、パダン・アラムのベトエルおじいさんの家に行き、そこでラバン伯父さんの娘の中から結婚相手を見つけなさい。どうか、全能の神がお前を祝福して繁栄させ、お前を増やして多くの民の群れとしてくださるように。どうか、アブラハムの祝福がお前とその子孫に及び、神がアブラハムに与えられた土地、お前が寄留しているこの土地を受け継ぐことができるように。」

ヤコブはイサクに送り出されて、パダン・アラムのラバンの所へ旅立った。ラバンはアラム人ベトエルの息子で、ヤコブとエサウの母リベカの兄であった。

創世記　27 章　41〜45 節、28 章　1〜5 節

ヤコブの夢

Jacob's dream at Bethel

リベラ「ヤコブの夢」
1639　油彩
マドリード、プラド美術館

　ヤコブはベエル・シェバを立ってハランへ向かった。とある場所に来たとき、日が沈んだので、そこで一夜を過ごすことにした。ヤコブはその場所にあった石を一つ取って枕《まくら》にして、その場所に横たわった。すると、彼は夢を見た。先端が天まで達する階段が地に向かって伸びており、しかも、神の御《み》使《つか》いたちがそれを上ったり下ったりしていた。
見よ、主《しゅ》が傍《かたわ》らに立って言われた。
　「わたしは、あなたの父祖アブラハムの神、イサクの神、主である。あなたが今横たわっているこの土地を、あなたとあなたの子孫に与える。あなたの子孫は大地の砂粒のように多くなり、西へ、東へ、北へ、南へと広がっていくであろう。地上の氏族はすべて、あなたとあなたの子孫によって祝福に入る。見よ、わたしはあなたと共にいる。あなたがどこへ行っても、わたしはあなたを守り、必ずこの土地に連れ帰る。わたしは、あなたに約束したことを果たすまで決して見捨てない。」

　ヤコブは眠りから覚めて言った。
　「まことに主がこの場所におられるのに、わたしは知らなかった。」
　そして、恐れおののいて言った。
「ここは、なんと畏《おそ》れ多い場所だろう。これはまさしく神の家である。そうだ、ここは天の門だ。」
　ヤコブは次の朝早く起きて、枕にしていた石を取り、それを記念碑として立て、先端に油を注いで、その場所をベテル（神の家）と名付けた。ちなみに、その町の名はかつてルズと呼ばれていた。
　ヤコブはまた、誓願を立てて言った。
　「神がわたしと共におられ、わたしが歩むこの旅路を守り、食べ物、着る物を与え、無事に父の家に帰らせてくださり、主がわたしの神となられるなら、わたしが記念碑として立てたこの石を神の家とし、すべて、あなたがわたしに与えられるものの十分の一をささげます。」

創世記　28 章　10～22 節

ブレイク「ヤコブのはしご」
1805　水彩　ロンドン、大英博物館

ヤコブの夢

Jacob's dream at Bethel

ティエポロ「ヤコブの夢」
1726-29　フレスコ
イタリア、パトリアカーレ宮殿

ヤコブがラバンのもとにひと月ほど滞在したある日、ラバンはヤコブに言った。「お前は身内の者だからといって、ただで働くことはない。どんな報酬が欲しいか言ってみなさい。」

ところで、ラバンには二人の娘があり、姉の方はレア、妹の方はラケルといった。レアは優しい目をしていたが、ラケルは顔も美しく、容姿も優れていた。ヤコブはラケルを愛していたので、「下の娘のラケルをくださるなら、わたしは七年間あなたの所で働きます」と言った。ラバンは答えた。「あの娘をほかの人に嫁がせるより、お前に嫁がせる方が良い。わたしの所にいなさい。」ヤコブはラケルのために七年間働いたが、彼女を愛していたので、それはほんの数日のように思われた。ヤコブはラバンに言った。

「約束の年月が満ちましたから、わたしのいいなずけと一緒にならせてください。」ラバンは土地の人たちを皆集め祝宴を開き、夜になると、娘のレアをヤコブのもとに連れて行ったので、ヤコブは彼

モラ「ラケルを愛するヤコブ」
1666-68　油彩
サンクト・ペテルブルク、エルミタージュ美術館

ヤコブの結婚

Jacob marries Leah and Rachel

女のところに入った。ラバンはまた、女奴隷ジルパを娘レアに召し使いとして付けてやった。ところが、朝になってみると、それはレアであった。ヤコブがラバンに、「どうしてこんなことをなさったのですか。わたしがあなたのもとで働いたのは、ラケルのためではありませんか。なぜ、わたしをだましたのですか」と言うと、ラバンは答えた。「我々の所では、妹を姉より先に嫁がせることはしないのだ。とにかく、この一週間の婚礼の祝いを済ませなさい。そうすれば、妹の方もお前に嫁がせよう。だがもう七年間、うちで働いてもらわねばならない。」ヤコブが、言われたとおり一週間の婚礼の祝いを済ませると、ラバンは下の娘のラケルもヤコブに妻として与えた。ラバンはまた、女奴隷ビルハを娘ラケルに召し使いとして付けてやった。こうして、ヤコブはラケルをめとった。ヤコブはレアよりもラケルを愛した。そして、更にもう七年ラバンのもとで働いた。

創世記　29 章　14〜30 節

ヤコブの結婚

Jacob marries Leah and Rachel

ブルドン「帰郷での休息」
1656　油彩　サンクト・ペテルブルク、エルミタージュ美術館

ティエポロ「偶像を隠すラケル」
1726-29　フレスコ
イタリア、パトリアカーレ宮殿

ヤコブの脱走

Jacob flees from Laban

ヤコブは、ラバンの息子たちが、「ヤコブは我々の父のものを全部奪ってしまった。父のものをごまかして、あの富を築き上げたのだ」と言っているのを耳にした。また、ラバンの態度を見ると、確かに以前とは変わっていた。主《しゅ》はヤコブに言われた。

「あなたは、あなたの故郷である先祖の土地に帰りなさい。わたしはあなたと共にいる。」

ヤコブは人をやって、ラケルとレアを家畜の群れがいる野原に呼び寄せて、言った。「最近、気づいたのだが、あなたたちのお父さんは、わたしに対して以前とは態度が変わった。しかし、わたしの父の神は、ずっとわたしと共にいてくださった。あなたたちも知っているように、わたしは全力を尽くしてあなたたちのお父さんのもとで働いてきたのに、わたしをだまして、わたしの報酬を十回も変えた。しかし、神はわたしに害を加えることをお許しにならなかった。お父さんが、『ぶちのものがお前の報酬だ』と言えば、群れはみなぶちのものを産むし、『縞《しま》のものがお前の報酬だ』と言えば、群れはみな縞のものを産んだ。神はあなたたちのお父さんの家畜を取り上げて、わたしにお与えになったのだ。

創世記　31章　1〜9節

ヤコブの脱走

Jacob flees from Laban

ラケルとレアはヤコブに答えた。「父の家に、わたしたちへの嗣業《しぎょう》の割り当て分がまだあるでしょうか。わたしたちはもう、父にとって他人と同じではありませんか。父はわたしたちを売って、しかもそのお金を使い果たしてしまったのです。神様が父から取り上げられた財産は、確かに全部わたしたちと子供たちのものです。ですから、どうか今すぐ、神様があなたに告げられたとおりになさってください。」

ヤコブは直ちに、子供たちと妻たちをらくだに乗せ、パダン・アラムで得たすべての財産である家畜を駆り立てて、父イサクのいるカナン地方へ向かって出発した。そのとき、ラバンは羊の毛を刈りに出かけていたので、ラケルは父の家の守り神の像を盗んだ。ヤコブもアラム人ラバンを欺いて、自分が逃げ去ることを悟られないようにした。ヤコブはこうして、すべての財産を持って逃げ出し、川を渡りギレアドの山地へ向かった。

創世記　31 章　14～21 節

ヤコブが逃げたことがラバンに知れたのは、三日目であった。ラバンは一族を率いて、七日の道のりを追いかけて行き、ギレアドの山地でヤコブに追いついたが、その夜夢の中で神は、アラム人ラバンのもとに来て言われた。「ヤコブを一切非難せぬよう、よく心に留めておきなさい。」ラバンがヤコブに追いついたとき、ヤコブは山の上に天幕を張っていたので、ラバンも一族と共にギレアドの山に天幕を張った。ラバンはヤコブに言った。「一体何ということをしたのか。わたしを欺き、しかも娘たちを戦争の捕虜のように駆り立てて行くとは。なぜ、こっそり逃げ出したりして、わたしをだましたのか。ひとこと言ってくれさえすれば、わたしは太鼓や竪琴《たてごと》で喜び歌って、送り出してやったものを。孫や娘たちに別れの口づけもさせないとは愚かなことをしたものだ。わたしはお前たちをひどい目に遭わせることもできるが、夕べ、お前たちの父の神が、『ヤコブを一切非難せぬよう、よく心に留めておきなさい』とわたしにお告げになった。父の家が恋しくて去るのなら、去ってもよい。しかし、なぜわたしの守り神を盗んだのか。」

創世記　31章　22〜30節

ラバンの追跡

Laban pursues Jacob

　そこで、ラバンはヤコブの天幕に入り、更にレアの天幕や二人の召し使いの天幕にも入って捜してみたが、見つからなかった。ラバンがレアの天幕を出てラケルの天幕に入ると、ラケルは既に守り神の像を取って、らくだの鞍《くら》の下に入れ、その上に座っていたので、ラバンは天幕の中をくまなく調べたが見つけることはできなかった。ラケルは父に言った。「お父さん、どうか悪く思わないでください。わたしは今、月のものがあるので立てません。」ラバンはなおも捜したが、守り神の像を見つけることはできなかった。ヤコブは怒ってラバンを責め、言い返した。

　「わたしに何の背反、何の罪があって、わたしの後を追って来られたのですか。」

創世記　31 章　33～36 節

ペヌエルでの格闘

Jacob wrestles at Peniel

　その夜、ヤコブはそこに野宿して、自分の持ち物の中から
兄エサウへの贈り物を選んだ。それは、雌山羊二百匹、雄山羊二十匹、
雌羊二百匹、雄羊二十匹、乳らくだ三十頭とその子供、雌牛四十頭、
雄牛十頭、雌ろば二十頭、雄ろば十頭であった。それを群れごとに分け、
召し使いたちの手に渡して言った。「群れと群れとの間に距離を置き、
わたしの先に立って行きなさい。」また、先頭を行く者には次のように命じた。
「兄のエサウがお前に出会って、『お前の主人は誰《だれ》だ。どこへ行くのか。
ここにいる家畜は誰のものだ』と尋ねたら、こう言いなさい。
『これは、あなたさまの僕《しもべ》ヤコブのもので、
御主人のエサウさまに差し上げる贈り物でございます。
ヤコブも後から参ります』と。」
ヤコブは、二番目の者にも、三番目の者にも、
群れの後について行くすべての者に命じて言った。
「エサウに出会ったら、これと同じことを述べ、
『あなたさまの僕ヤコブも後から参ります』と言いなさい。」
ヤコブは、贈り物を先に行かせて兄をなだめ、
その後で顔を合わせれば、恐らく快く迎えてくれるだろうと思ったのである。
こうして、贈り物を先に行かせ、ヤコブ自身は、
その夜、野営地にとどまった。

創世記　32 章 14〜22 節

レンブラント「ヤコブと天使の闘い」
1659　油彩　ベルリン絵画館

ペヌエルでの格闘

Jacob wrestles at Peniel

ドラクロワ「ヤコブと天使の闘い」
1858-61　蝋、油彩　パリ、サン=シュルピス教会

その夜、
ヤコブは起きて、二人の妻と二人
の側女《そばめ》、それに十一人の子供を連れてヤボク
の渡しを渡った。皆を導いて川を渡らせ、持ち物も渡
してしまうと、ヤコブは独り後に残った。そのとき、何者
かが夜明けまでヤコブと格闘した。ところが、その人はヤコブ
に勝てないとみて、ヤコブの腿《もも》の関節を打ったので、格闘をしてい
るうちに腿の関節がはずれた。「もう去らせてくれ。夜が明けて
しまうから」とその人は言ったが、ヤコブは答えた。
「いいえ、祝福してくださるまでは離しません。」
「お前の名は何というのか」とその人が尋ね、
「ヤコブです」と答えると、
その人は言った。
「お前の名はもうヤコブではなく、これからは
イスラエルと呼ばれる。お前は神と人と闘って勝ったからだ。」
「どうか、あなたのお名前を教えてください」
とヤコブが尋ねると、
「どうして、わたしの名を尋ねるのか」
と言って、ヤコブをその場で祝福した。
ヤコブは、「わたしは顔と顔とを合わせて
神を見たのに、なお生きている」と言って、
その場所をペヌエル（神の顔）と名付けた。
ヤコブがペヌエルを過ぎたとき、
太陽は彼の上に昇った。ヤコブは
腿を痛めて足を引きずっていた。
こういうわけで、イスラエルの人々は
今でも腿の関節の上にある腰の筋を食べない。
かの人がヤコブの腿の関節、
つまり腰の筋のところを打ったからである。

創世記　32 章　23～33 節

ペヌエルでの格闘

Jacob wrestles at Peniel

ゴーガン「説教の幻影」
1888　油彩　エジンバラ、スコットランド国立美術館

少年期のヨセフ

boy Joseph

デル・サルト「ヨセフの生涯」
1515頃　油彩　フィレンツェ、パラティーナ美術館

ヨセフの夢

Joseph's dream

ヤコブは、父がかつて滞在していたカナン地方に住んでいた。

ヤコブの家族の由来は次のとおりである。ヨセフは十七歳のとき、兄たちと羊の群れを飼っていた。まだ若く、父の側女《そばめ》ビルハやジルパの子供たちと一緒にいた。ヨセフは兄たちのことを父に告げ口した。

イスラエルは、ヨセフが年寄り子であったので、どの息子よりもかわいがり、彼には裾《すそ》の長い晴れ着を作ってやった。兄たちは、父がどの兄弟よりもヨセフをかわいがるのを見て、ヨセフを憎み、穏やかに話すこともできなかった。

ヨセフは夢を見て、それを兄たちに語ったので、彼らはますます憎むようになった。ヨセフは言った。

「聞いてください。わたしはこんな夢を見ました。

畑でわたしたちが束を結わえていると、いきなりわたしの束が起き上がり、まっすぐに立ったのです。すると、兄さんたちの束が周りに集まって来て、わたしの束にひれ伏しました。」

兄たちはヨセフに言った。

「なに、お前が我々の王になるというのか。お前が我々を支配するというのか。」

兄たちは夢とその言葉のために、ヨセフをますます憎んだ。

ヨセフはまた別の夢を見て、それを兄たちに話した。

「わたしはまた夢を見ました。太陽と月と十一の星がわたしにひれ伏しているのです。」

今度は兄たちだけでなく、父にも話した。父はヨセフを叱《しか》って言った。

「一体どういうことだ、お前が見たその夢は。わたしもお母さんも兄さんたちも、お前の前に行って、地面にひれ伏すというのか。」

兄たちはヨセフをねたんだが、父はこのことを心に留めた。

兄たちが出かけて行き、シケムで父の羊の群れを飼っていたとき、イスラエルはヨセフに言った。

「兄さんたちはシケムで羊を飼っているはずだ。お前を彼らのところへやりたいのだが。」

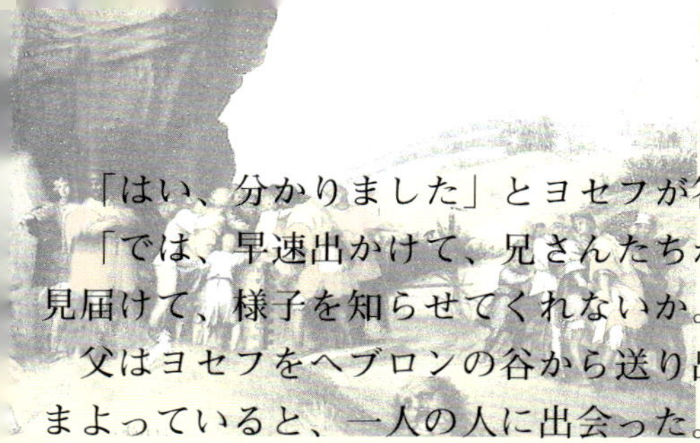

「はい、分かりました」とヨセフが答えると、更にこう言った。
「では、早速出かけて、兄さんたちが元気にやっているか、羊の群れも無事か見届けて、様子を知らせてくれないか。」
父はヨセフをヘブロンの谷から送り出した。ヨセフがシケムに着き、野原をさまよっていると、一人の人に出会った。その人はヨセフに尋ねた。
「何を探しているのかね。」
「兄たちを探しているのです。どこで羊の群れを飼っているか教えてください。」
ヨセフがこう言うと、その人は答えた。
「もうここをたってしまった。ドタンへ行こう、と言っていたのを聞いたが。」
ヨセフは兄たちの後を追って行き、ドタンで一行を見つけた。
兄たちは、はるか遠くの方にヨセフの姿を認めると、まだ近づいて来ないうちに、ヨセフを殺してしまおうとたくらみ、相談した。
「おい、向こうから例の夢見るお方がやって来る。さあ、今だ。あれを殺して、穴の一つに投げ込もう。後は、野獣に食われたと言えばよい。あれの夢がどうなるか、見てやろう。」
ルベンはこれを聞いて、ヨセフを彼らの手から助け出そうとして、言った。

「命まで取るのはよそう。」
ルベンは続けて言った。
「血を流してはならない。荒れ野のこの穴に投げ入れよう。手を下してはならない。」
ルベンは、ヨセフを彼らの手から助け出して、父のもとへ帰したかったのである。
ヨセフがやって来ると、兄たちはヨセフが着ていた着物、裾の長い晴れ着をはぎ取り、彼を捕らえて、穴に投げ込んだ。その穴は空で水はなかった。
彼らはそれから、腰を下ろして食事を始めたが、ふと目を上げると、イシュマエル人の隊商がギレアドの方からやって来るのが見えた。らくだに樹脂、乳香《にゅうこう》、没薬《もつやく》を積んで、エジプトに下って行こうとしているところであった。ユダは兄弟たちに言った。
「弟を殺して、その血を覆っても、何の得にもならない。それより、あのイシュマエル人に売ろうではないか。弟に手をかけるのはよそう。あれだって、肉親の弟だから。」
兄弟たちは、これを聞き入れた。

創世記　37 章　1〜27 節

ところが、その間にミディアン人の商人たちが通りかかって、ヨセフを穴から引き上げ、銀二十枚でイシュマエル人に売ったので、彼らはヨセフをエジプトに連れて行ってしまった。ルベンが穴のところに戻ってみると、意外にも穴の中にヨセフはいなかった。ルベンは自分の衣を引き裂き、兄弟たちのところへ帰り、「あの子がいない。わたしは、このわたしは、どうしたらいいのか」と言った。兄弟たちはヨセフの着物を拾い上げ、雄山羊を殺してその血に着物を浸した。彼らはそれから、裾の長い晴れ着を父のもとへ送り届け、「これを見つけましたが、あなたの息子の着物かどうか、お調べになってください」と言わせた。父は、それを調べて言った。

「あの子の着物だ。野獣に食われたのだ。ああ、ヨセフはかみ裂かれてしまったのだ。」

ヤコブは自分の衣を引き裂き、粗布《あらぬの》を腰にまとい、幾日もその子のために嘆き悲しんだ。息子や娘たちが皆やって来て、慰めようとしたが、ヤコブは慰められることを拒んだ。

「ああ、わたしもあの子のところへ、嘆きながら陰府《よみ》へ下って行こう。」

父はこう言って、ヨセフのために泣いた。

一方、メダンの人たちがエジプトへ売ったヨセフは、ファラオの宮廷の役人で、侍従長であったポティファルのものとなった。

創世記　37章 28〜36節

ヨセフの夢

Joseph's dream

ポントルモ、デル・サルト合作
「ポティファルに買われたヨセフ」
1516-17　油彩
ロンドン、ナショナル・ギャラリー

ヨセフはエジプトに連れて来られた。ヨセフをエジプトへ連れて来たイシュマエル人の手から彼を買い取ったのは、ファラオの宮廷の役人で、侍従長のエジプト人ポティファルであった。

主《しゅ》がヨセフと共におられたので、彼はうまく事を運んだ。彼はエジプト人の主人の家にいた。主が共におられ、主が彼のすることをすべてうまく計らわれるのを見た主人は、ヨセフに目をかけて身近に仕えさせ、家の管理をゆだね、財産をすべて彼の手に任せた。主人が家の管理やすべての財産をヨセフに任せてから、主はヨセフのゆえにそのエジプト人の家を祝福された。主の祝福は、家の中にも農地にも、すべての財産に及んだ。主人は全財産をヨセフの手にゆだねてしまい、自分が食べるもの以外は全く気を遣わなかった。ヨセフは顔も美しく、体つきも優れていた。

これらのことの後で、主人の妻はヨセフに目を注ぎながら言った。

「わたしの床に入りなさい。」

しかし、ヨセフは拒んで、主人の妻に言った。

「ご存じのように、御主人はわたしを側に置き、家の中のことには一切気をお遣いになりません。財産もすべてわたしの手にゆだねてくださいました。この家では、わたしの上に立つ者はいませんから、わたしの意のままにならないものもありません。ただ、あなたは別です。あなたは御主人の妻ですから。わたしは、どうしてそのように大きな悪を働いて、神に罪を犯すことができましょう。」

彼女は毎日ヨセフに言い寄ったが、ヨセフは耳を貸さず、彼女の傍《かたわ》らに寝ることも、共にいることもしなかった。

創世記　39 章　1〜10 節

ティントレット「ヨセフと侍従長ポティファルの妻」
1555　油彩　マドリード、プラド美術館

ヨセフとポティファルの妻

Joseph and Potiphar's wife

グェルチーノ「ポティファルの妻の誘惑を断わるヨセフ」
油彩

こうして、ある日、ヨセフが仕事をしようと家に入ると、家の者が一人も家の中にいなかったので、彼女はヨセフの着物をつかんで言った。

「わたしの床に入りなさい。」

ヨセフは着物を彼女の手に残し、逃げて外へ出た。

着物を彼女の手に残したまま、ヨセフが外へ逃げたのを見ると、彼女は家の者たちを呼び寄せて言った。

「見てごらん。ヘブライ人などをわたしたちの所に連れて来たから、わたしたちはいたずらをされる。彼がわたしの所に来て、わたしと寝ようとしたから、大声で叫びました。わたしが大声をあげて叫んだのを聞いて、わたしの傍らに着物を残したまま外へ逃げて行きました。」

彼女は、主人が家に帰って来るまで、その着物を傍らに置いていた。そして、主人に同じことを語った。

「あなたがわたしたちの所に連れて来た、あのヘブライ人の奴隷はわたしの所に来て、いたずらをしようとしたのです。わたしが大声をあげて叫んだものですから、着物をわたしの傍らに残したまま、外へ逃げて行きました。」

「あなたの奴隷がわたしにこんなことをしたのです」と訴える妻の言葉を聞いて、主人は怒り、ヨセフを捕らえて、王の囚人をつなぐ監獄に入れた。ヨセフはこうして、監獄にいた。

ビリヴァート
「ポティファルの妻の誘惑から逃げるヨセフ」
1619　油彩　フィレンツェ、ウフィツィ美術館

ヨセフとポティファルの妻

Joseph and Potiphar's wife

しかし、主《しゅ》がヨセフと共におられ、恵みを施し、監守長の目にかなうように導かれたので、監守長は監獄にいる囚人を皆、ヨセフの手にゆだね、獄中の人のすることはすべてヨセフが取りしきるようになった。監守長は、ヨセフの手にゆだねたことには、一切目を配らなくてもよかった。主がヨセフと共におられ、ヨセフがすることを主がうまく計らわれたからである。

創世記　39 章　21〜23 節

レンブラント工房
「ヨセフを告発するポティファルの妻」
1655　油彩

これらのことの後で、エジプト王の給仕役と料理役が主君であるエジプト王に過ちを犯した。ファラオは怒って、この二人の宮廷の役人、給仕役の長と料理役の長を、侍従長の家にある牢獄《ろうごく》、つまりヨセフがつながれている監獄に引き渡した。侍従長は彼らをヨセフに預け、身辺の世話をさせた。牢獄の中で幾日かが過ぎたが、監獄につながれていたエジプト王の給仕役と料理役は、二人とも同じ夜にそれぞれ夢を見た。その夢には、それぞれ意味が隠されていた。朝になって、ヨセフが二人のところへ行ってみると、二人ともふさぎ込んでいた。ヨセフは主人の家の牢獄に自分と一緒に入れられているファラオの宮廷の役人に尋ねた。

「今日は、どうしてそんなに憂うつな顔をしているのですか。」

「我々は夢を見たのだが、それを解き明かしてくれる人がいない」と二人は答えた。ヨセフは、「解き明かしは神がなさることではありませんか。どうかわたしに話してみてください」と言った。給仕役の長はヨセフに自分の見た夢を話した。

「わたしが夢を見ていると、一本のぶどうの木が目の前に現れたのです。そのぶどうの木には三本のつるがありました。それがみるみるうちに芽を出したかと思うと、すぐに花が咲き、ふさふさとしたぶどうが熟しました。ファラオの杯を手にしていたわたしは、そのぶどうを取って、ファラオの杯に搾り、その杯をファラオにささげました。」

創世記　40 章　1～11 節

ブリーニ「獄中で夢を解くヨセフ」
油彩　ワルシャワ、国立美術館

夢を解くヨセフ

Joseph interprets dreams

ヨセフは言った。

「その解き明かしはこうです。三本のつるは三日です。三日たてば、ファラオがあなたの頭を上げて、元の職務に復帰させてくださいます。あなたは以前、給仕役であったときのように、ファラオに杯をささげる役目をするようになります。ついては、あなたがそのように幸せになられたときには、どうかわたしのことを思い出してください。わたしのためにファラオにわたしの身の上を話し、この家から出られるように取り計らってください。わたしはヘブライ人の国から無理やり連れて来られたのです。また、ここでも、牢屋に入れられるようなことは何もしていないのです。」

料理役の長は、ヨセフが巧みに解き明かすのを見て言った。

「わたしも夢を見ていると、編んだ籠《かご》が三個わたしの頭の上にありました。いちばん上の籠には、料理役がファラオのために調えたいろいろな料理が入っていましたが、鳥がわたしの頭の上の籠からそれを食べているのです。」

ランゲッティ「獄中で夢を解くヨセフ」
1656　油彩　ルーマニア、国立美術館

夢を解くヨセフ

Joseph interprets dreams

ヨセフは答えた。

「その解き明かしはこうです。三個の籠は三日です。三日たてば、ファラオがあなたの頭を上げて切り離し、あなたを木にかけます。そして、鳥があなたの肉をついばみます。」

三日目はファラオの誕生日であったので、ファラオは家来たちを皆、招いて、祝宴を催した。そして、家来たちの居並ぶところで例の給仕役の長の頭と料理役の長の頭を上げて調べた。ファラオは給仕役の長を給仕の職に復帰させたので、彼はファラオに杯をささげる役目をするようになったが、料理役の長は、ヨセフが解き明かしたとおり木にかけられた。ところが、給仕役の長はヨセフのことを思い出さず、忘れてしまった。

創世記　40 章　12～23 節

二年の後、ファラオは夢を見た。ナイル川のほとりに立っていると、
突然、つややかな、よく肥えた七頭の雌牛が川から上がって来て、
葦《あし》辺《べ》で草を食べ始めた。すると、その後から、今度は醜い、
やせ細った七頭の雌牛が川から上がって来て、
岸辺にいる雌牛のそばに立った。
そして、醜い、やせ細った雌牛が、
つややかな、よく肥えた七頭の雌牛を食い尽くした。
ファラオは、そこで目が覚めた。
ファラオがまた眠ると、再び夢を見た。
今度は、太って、よく実った七つの穂が、一本の茎から出てきた。
すると、その後から、実が入っていない、
東風で干からびた七つの穂が生えてきて、
実の入っていない穂が、太って、実の入った七つの穂をのみ込んでしまった。
ファラオは、そこで目が覚めた。それは夢であった。
朝になって、ファラオはひどく心が騒ぎ、
エジプト中の魔術師と賢者をすべて呼び集めさせ、
自分の見た夢を彼らに話した。
しかし、ファラオに解き明かすことができる者はいなかった。

創世記　41章　1〜8節

アミゴーニ「ファラオの宮殿にいるヨセフ」
1740　油彩　マドリード、プラド美術館

ファラオの夢を解く

Pharao's dreams

ヨセフはファラオに言った。
「ファラオの夢は、どちらも同じ意味でございます。
神がこれからなさろうとしていることを、
ファラオにお告げになったのです。
七頭のよく育った雌牛は七年のことです。
七つのよく実った穂も七年のことです。
どちらの夢も同じ意味でございます。
その後から上がって来た七頭のやせた、
醜い雌牛も七年のことです。
また、やせて、東風で干からびた七つの穂も同じで、
これらは七年の飢《き》饉《きん》のことです。
これは、先程ファラオに申し上げましたように、
神がこれからなさろうとしていることを、
ファラオにお示しになったのです。
今から七年間、エジプトの国全体に大豊作が訪れます。
しかし、その後に七年間、飢饉が続き、
エジプトの国に豊作があったことなど、
すっかり忘れられてしまうでしょう。

ファラオの夢を解く

Pharao's dreams

飢饉が国を滅ぼしてしまうのです。
この国に豊作があったことは、
その後に続く飢饉のために全く忘れられてしまうでしょう。
飢饉はそれほどひどいのです。
ファラオが夢を二度も重ねて見られたのは、
神がこのことを既に決定しておられ、
神が間もなく実行されようとしておられるからです。
このような次第ですから、ファラオは今すぐ、
聡明《そうめい》で知恵のある人物をお見つけになって、
エジプトの国を治めさせ、
また、国中に監督官をお立てになり、豊作の七年の間、
エジプトの国の産物の五分の一を徴収なさいますように。
このようにして、これから訪れる豊年の間に食糧をできるかぎり集めさせ、
町々の食糧となる穀物をファラオの管理の下に蓄え、保管させるのです。
そうすれば、
その食糧がエジプトの国を襲う七年の飢饉に対する国の備蓄となり、
飢饉によって国が滅びることはないでしょう。」

創世記　41 章　25〜36 節

兄たち、エジプトへ下る

Joseph's brothers go to Egypt

ヤコブは、エジプトに穀物があると知って、息子たちに、
「どうしてお前たちは顔を見合わせてばかりいるのだ」と言い、
更に、「聞くところでは、エジプトには穀物があるというではないか。
エジプトへ下って行って穀物を買ってきなさい。
そうすれば、我々は死なずに生き延びることができるではないか」と言った。
そこでヨセフの十人の兄たちは、エジプトから穀物を買うために下って行った。
ヤコブはヨセフの弟ベニヤミンを兄たちに同行させなかった。
何か不幸なことが彼の身に起こるといけないと思ったからであった。
イスラエルの息子たちは、他の人々に混じって穀物を買いに出かけた。
カナン地方にも飢饉《ききん》が襲っていたからである。
ところで、ヨセフはエジプトの司政者として、
国民に穀物を販売する監督をしていた。
ヨセフの兄たちは来て、地面にひれ伏し、ヨセフを拝した。
ヨセフは一目で兄たちだと気づいたが、
そしらぬ振りをして厳しい口調で、
「お前たちは、どこからやって来たのか」と問いかけた。
彼らは答えた。
「食糧を買うために、カナン地方からやって参りました。」
ヨセフは兄たちだと気づいていたが、
兄たちはヨセフとは気づかなかった。

創世記　42章　1~8節

ポントルモ「エジプトのヨセフ」
1519　油彩　ロンドン、ナショナル・ギャラリー

兄たち、エジプトへ下る

Joseph's brothers go to Egypt

「急いで父上のもとへ帰って、伝えてください。
『息子のヨセフがこう言っています。
神が、わたしを全エジプトの主としてくださいました。
ためらわずに、わたしのところへおいでください。
そして、ゴシェンの地域に住んでください。
そうすればあなたも、息子も孫も、羊や牛の群れも、
そのほかすべてのものも、
わたしの近くで暮らすことができます。
そこでのお世話は、わたしがお引き受けいたします。
まだ五年間は飢《き》饉《きん》が続くのですから、
父上も家族も、そのほかすべてのものも、
困ることのないようになさらなければいけません。』
さあ、お兄さんたちも、弟のベニヤミンも、自分の目で見てください。
ほかならぬわたしがあなたたちに言っているのです。
エジプトでわたしが受けているすべての栄誉と、
あなたたちが見たすべてのことを父上に話してください。
そして、急いで父上をここへ連れて来てください。」
ヨセフは、弟ベニヤミンの首を抱いて泣いた。
ベニヤミンもヨセフの首を抱いて泣いた。
ヨセフは兄弟たち皆に口づけし、彼らを抱いて泣いた。
その後、兄弟たちはヨセフと語り合った。

創世記　45章 9〜15節

コルネリウス「兄弟たちと再会するヨセフ」
1860　油彩　ベルリン絵画館

　ヨセフの兄弟たちがやって来たという知らせがファラオの宮廷に伝わると、ファラオも家来たちも喜んだ。ファラオはヨセフに言った。

「兄弟たちに、こうするように言いなさい。『家畜に荷を積んでカナンの地に行き、父上と家族をここへ連れて来なさい。わたしは、エジプトの国の最良のものを与えよう。あなたたちはこの国の最上の産物を食べるがよい。』また、こうするよう命じなさい。『エジプトの国から、あなたたちの子供や妻たちを乗せる馬車を引いて行き、父上もそれに乗せて来るがよい。家財道具などには未練を残さないように。エジプトの国中で最良のものが、あなたたちのものになるのだから。』」

　イスラエルの息子たちはそのとおりにした。ヨセフは、ファラオの命令に従って、彼らに馬車を与え、また道中の食糧を与えた。ヨセフは更に、全員にそれぞれ晴れ着を与えたが、特にベニヤミンには銀三百枚と晴れ着五枚を与えた。父にも、エジプトの最良のものを積んだろば十頭と、穀物やパン、

ポントルモ「兄弟の前で身分を明かすヨセフ」
1515-16 油彩 ロンドン、ナショナル・ギャラリー

兄たち、エジプトへ下る

それに父の道中に必要な食糧を積んだ雌ろば十頭を贈った。いよいよ兄弟たちを送り出すとき、出発にあたってヨセフは、「途中で、争わないでください」と言った。兄弟たちはエジプトからカナン地方へ上って行き、父ヤコブのもとへ帰ると、直ちに報告した。

「ヨセフがまだ生きています。しかも、エジプト全国を治める者になっています。」

父は気が遠くなった。彼らの言うことが信じられなかったのである。彼らはヨセフが話したとおりのことを、残らず父に語り、ヨセフが父を乗せるために遣わした馬車を見せた。父ヤコブは元気を取り戻した。イスラエルは言った。

「よかった。息子ヨセフがまだ生きていたとは。わたしは行こう。死ぬ前に、どうしても会いたい。」

創世記　45 章　16～28 節

ヤコブ、ヨセフの子らを祝福する

Jacob bless Manasseh and Ephraim

　これらのことの後で、ヨセフに、
「お父上が御病気です」との知らせが入ったので、
ヨセフは二人の息子マナセとエフライムを連れて行った。
ある人がヤコブに、「御子息のヨセフさまが、ただいまお見えになりました」
と知らせると、イスラエルは力を奮い起こして、寝台の上に座った。
ヤコブはヨセフに言った。
　「全能の神がカナン地方のルズでわたしに現れて、
わたしを祝福してくださったとき、こう言われた。
　『あなたの子孫を繁栄させ、数を増やし
　　　あなたを諸国民の群れとしよう。
　この土地をあなたに続く子孫に
　　　永遠の所有地として与えよう。』
　今、わたしがエジプトのお前のところに来る前に、
エジプトの国で生まれたお前の二人の息子をわたしの子供にしたい。
エフライムとマナセは、ルベンやシメオンと同じように、わたしの子となるが、
その後に生まれる者はお前のものとしてよい。
しかし、彼らの嗣業《しぎょう》の土地は兄たちの名で呼ばれるであろう。」

創世記　48 章 1〜6 節

レンブラント「ヨセフの息子たちを祝福するヤコブ」
1656　油彩　ドイツ、カッセル美術館

イスラエルは、ヨセフの息子たちを見ながら、「これは誰《だれ》か」と尋ねた。ヨセフが父に、「神が、ここで授けてくださったわたしの息子です」と答えると、父は、「ここへ連れて来なさい。彼らを祝福しよう」と言った。イスラエルの目は老齢のためかすんでよく見えなかったので、ヨセフが二人の息子を父のもとに近寄らせると、父は彼らに口づけをして抱き締めた。

イスラエルはヨセフに言った。

「お前の顔さえ見ることができようとは思わなかったのに、なんと、神はお前の子供たちをも見させてくださった。」

ヨセフは彼らを父の膝《ひざ》から離し、地にひれ伏して拝した。ヨセフは二人の息子のうち、エフライムを自分の右手でイスラエルの左手に向かわせ、マナセを自分の左手でイスラエルの右手に向かわせ、二人を近寄らせた。イスラエルは右手を伸ばして、弟であるエフライムの頭の上に置き、左手をマナセの頭の上に置いた。つまり、マナセが長男であるのに、彼は両手を交差して置いたのである。

創世記　48 章　8〜14 節

ヴィクトース
「ヨセフの息子たちを祝福するヤコブ」
1650　油彩　ワルシャワ、国立美術館

ヤコブ、ヨセフの子らを祝福する

Jacob bless Manasseh and Ephraim

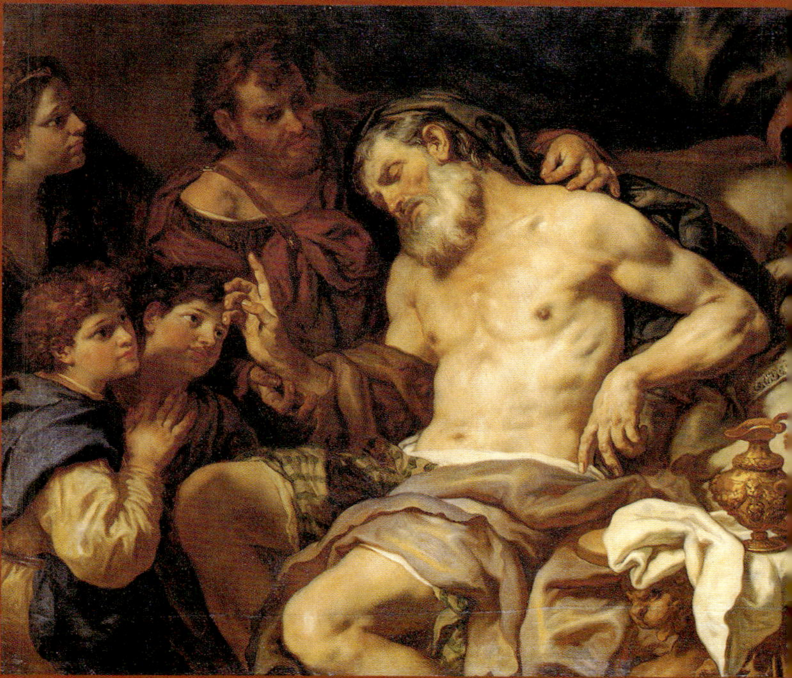

ロッセ
「ヨセフの息子たちを
祝福するヤコブ」
1692　油彩
ウィーン、美術史美術館

ヤコブの祝福

the last words of Jacob

ヤコブは息子たちを呼び寄せて言った。
「集まりなさい。わたしは後の日にお前たちに起こることを語っておきたい。
ヤコブの息子たちよ、集まって耳を傾けよ。
お前たちの父イスラエルに耳を傾けよ。

ルベンよ、お前はわたしの長子
わたしの勢い、命の力の初穂。
気位が高く、力も強い。
お前は水のように奔放《ほんぽう》で
長子の誉れを失う。
お前は父の寝台に上った。
あのとき、わたしの寝台に上り
それを汚した。

シメオンとレビは似た兄弟。
彼らの剣は暴力の道具。
わたしの魂よ、彼らの謀議に加わるな。
わたしの心よ、彼らの仲間に連なるな。
彼らは怒りのままに人を殺し
思うがままに雄牛の足の筋を切った。
呪《のろ》われよ、彼らの怒りは激しく
憤りは甚だしいゆえに。
わたしは彼らをヤコブの間に分け
イスラエルの間に散らす。

ユダよ、あなたは兄弟たちにたたえられる。
あなたの手は敵の首を押さえ
父の子たちはあなたを伏し拝む。
ユダは獅子《しし》の子。
わたしの子よ、あなたは獲物を取って上って来る。
彼は雄獅子《おじし》のようにうずくまり
雌獅子のように身を伏せる。
誰《だれ》がこれを起こすことができようか。
王笏《おうしゃく》はユダから離れず
統治の杖《つえ》は足の間から離れない。

ついにシロが来て、諸国の民は彼に従う。
彼はろばをぶどうの木に
雌ろばの子を良いぶどうの木につなぐ。
彼は自分の衣をぶどう酒で
着物をぶどうの汁で洗う。
彼の目はぶどう酒によって輝き
歯は乳によって白くなる。

ゼブルンは海辺に住む。
そこは舟の出入りする港となり
その境はシドンに及ぶ。

イサカルは骨太のろば
二つの革袋の間に身を伏せる。
彼にはその土地が快く
好ましい休息の場となった。
彼はそこで背をかがめて荷を担い
苦役の奴隷に身を落とす。

ダンは自分の民を裁く
イスラエルのほかの部族のように。
ダンは、道端の蛇
小道のほとりに潜む蝮《まむし》。
馬のかかとをかむと
乗り手はあおむけに落ちる。

主《しゅ》よ、わたしはあなたの救いを待ち望む。

ガドは略奪者に襲われる。
しかし彼は、彼らのかかとを襲う。

アシェルには豊かな食物があり
王の食卓に美味を供える。

ナフタリは解き放たれた雌鹿《めじか》
美しい子鹿を産む。

ヨセフは実を結ぶ若木
泉のほとりの実を結ぶ若木。
その枝は石垣を越えて伸びる。
弓を射る者たちは彼に敵意を抱き
矢を放ち、追いかけてくる。
しかし、彼の弓はたるむことなく
彼の腕と手は素早く動く。
ヤコブの勇者の御手《みて》により
それによって、イスラエルの石となり牧者となった。
どうか、あなたの父の神があなたを助け
全能者《ぜんのうしゃ》によってあなたは祝福を受けるように。
上は天の祝福
下は横たわる淵《ふち》の祝福
乳房と母の胎の祝福をもって。
あなたの父の祝福は
永遠の山の祝福にまさり
永久の丘の賜物にまさる。
これらの祝福がヨセフの頭の上にあり
兄弟たちから選ばれた者の頭にあるように。

ベニヤミンはかみ裂く狼《おおかみ》
朝には獲物に食らいつき
夕には奪ったものを分け合う。」

これらはすべて、イスラエルの部族で、その数は十二である。
これは彼らの父が語り、祝福した言葉である。
父は彼らを、おのおのにふさわしい祝福をもって祝福したのである。

創世記　49章　1～28節

ヤコブの祝福

the last words of Jacob

ヤコブと共に一家を挙げてエジプトへ下ったイスラエルの子らの名前は次のとおりである。ルベン、シメオン、レビ、ユダ、イサカル、ゼブルン、ベニヤミン、ダン、ナフタリ、ガド、アシェル。ヤコブの腰から出た子、孫の数は全部で七十人であった。ヨセフは既にエジプトにいた。

ヨセフもその兄弟たちも、その世代の人々も皆、死んだが、イスラエルの人々は子を産み、おびただしく数を増し、ますます強くなって国中に溢《あふ》れた。そのころ、ヨセフのことを知らない新しい王が出てエジプトを支配し、国民に警告した。

「イスラエル人という民は、今や、我々にとってあまりに数多く、強力になりすぎた。抜かりなく取り扱い、これ以上の増加を食い止めよう。一度戦争が起これば、敵側に付いて我々と戦い、この国を取るかもしれない。」

エジプト人はそこで、イスラエルの人々の上に強制労働の監督を置き、重労働を課して虐待した。イスラエルの人々はファラオの物資貯蔵の町、ピトムとラメセスを建設した。しかし、虐待されればされるほど彼らは増え広がったので、エジプト人はますますイスラエルの人々を嫌悪し、イスラエルの人々を酷使し、粘土こね、れんが焼き、あらゆる農作業などの重労働によって彼らの生活を脅かした。彼らが従事した労働はいずれも過酷を極めた。

エジプト王は二人のヘブライ人の助産婦に命じた。一人はシフラといい、もう一人はプアといった。「お前たちがヘブライ人の女の出産を助けるときには、子供の性別を確かめ、男の子ならば殺し、女の子ならば生かしておけ。」助産婦はいずれも神を畏《おそ》れていたので、エジプト王が命じたとおりにはせず、男の子も生かしておいた。エジプト王は彼女たちを呼びつけて問いただした。「どうしてこのようなことをしたのだ。お前たちは男の子を生かしているではないか。」助産婦はファラオに答えた。「ヘブライ人の女はエジプト人の女性とは違います。彼女たちは丈夫で、助産婦が行く前に産んでしまうのです。」神はこの助産婦たちに恵みを与えられた。民は数を増し、甚だ強くなった。助産婦たちは神を畏れていたので、神は彼女たちにも子宝を恵まれた。

ファラオは全国民に命じた。「生まれた男の子は、一人残らずナイル川にほうり込め。女の子は皆、生かしておけ。」

出エジプト記　1章　1~22節

レーニ「嬰児の虐殺」
1611　油彩　ボローニャ、国立美術館

男児殺害の命令

a command to kill baby boys

モーセをナイルに流す

Moses put among the reeds along the Nile

レビの家の出のある男が同じレビ人の娘をめとった。彼女は身ごもり、男の子を産んだが、その子がかわいかったのを見て、三か月の間隠しておいた。しかし、もはや隠しきれなくなったので、パピルスの籠《かご》を用意し、アスファルトとピッチで防水し、その中に男の子を入れ、ナイル河畔の葦《あし》の茂みの間に置いた。

出エジプト記　2章　1〜3節

プッサン「モーセを川に流す」
1654　油彩　オックスフォード、アッシュモーリアン美術館

その子の姉が遠くに立って、どうなることかと様子を見ていると、そこへ、ファラオの王女が水浴びをしようと川に下りて来た。その間侍女たちは川岸を行き来していた。王女は、葦《あし》の茂みの間に籠《かご》を見つけたので、仕え女をやって取って来させた。開けてみると赤ん坊がおり、しかも男の子で、泣いていた。王女はふびんに思い、「これは、きっと、ヘブライ人の子です」と言った。そのとき、その子の姉がファラオの王女に申し出た。「この子に乳を飲ませるヘブライ人の乳母を呼んで参りましょうか。」

「そうしておくれ」と、王女が頼んだので、娘は早速その子の母を連れて来た。

ブルドン「水から救われるモーセ」
1655　油彩　ワシントン、ナショナル・ギャラリー

モーセ救出

Moses picked up from the water

王女が、「この子を連れて行って、わたしに代わって乳を飲ませておやり。手当てはわたしが出しますから」と言ったので、母親はその子を引き取って乳を飲ませ、その子が大きくなると、王女のもとへ連れて行った。その子はこうして、王女の子となった。王女は彼をモーセと名付けて言った。「水の中からわたしが引き上げた（マーシャー）のですから。」

出エジプト記　2章　4〜10節

プッサン「水から救われるモーセ」
1638　油彩　パリ、ルーヴル美術館

ヴェロネーゼ「水から救われるモーセ」
1580　油彩　マドリード、プラド美術館

モーセ救出

Moses picked up from the water

ジェンティレスキ「発見されたモーセ」
1630　油彩　マドリード、プラド美術館

モーセ救出

Moses picked up from the water

リース「発見されたモーセ」
1625-30　油彩　フランス、レーニ美術館

ロラン「モーセの救い」
1637-39　油彩　マドリード、プラド美術館

モーセとミディアンの祭司の娘たち

Moses and daughters of a priest of Midian

さて、ミディアンの祭司に七人の娘がいた。彼女たちがそこへ来て水をくみ、水ぶねを満たし、父の羊の群れに飲ませようとしたところへ、羊飼いの男たちが来て、娘たちを追い払った。モーセは立ち上がって娘たちを救い、羊の群れに水を飲ませてやった。娘たちが父レウエルのところに帰ると、父は、「どうして今日はこんなに早く帰れたのか」と尋ねた。彼女たちは言った。

「一人のエジプト人が羊飼いの男たちからわたしたちを助け出し、わたしたちのために水をくんで、羊に飲ませてくださいました。」

父は娘たちに言った。「どこにおられるのだ、その方は。どうして、お前たちはその方をほうっておくのだ。呼びに行って、食事を差し上げなさい。」

モーセがこの人のもとにとどまる決意をしたので、彼は自分の娘ツィポラをモーセと結婚させた。彼女は男の子を産み、モーセは彼をゲルショムと名付けた。彼が、「わたしは異国にいる寄留者（ゲール）だ」と言ったからである。

それから長い年月がたち、エジプト王は死んだ。その間イスラエルの人々は労働のゆえにうめき、叫んだ。労働のゆえに助けを求める彼らの叫び声は神に届いた。神はその嘆きを聞き、アブラハム、イサク、ヤコブとの契約を思い起こされた。神はイスラエルの人々を顧み、御心《みこころ》に留められた。

出エジプト記　2章　16〜25節

フィオレンティーノ「エトロの娘たちを救うモーセ」
1523-24　油彩　フィレンツェ、ウフィツィ美術館

モーセと燃える柴

Moses and the burning bush

フロマン「燃える柴の祭壇画」
1481-82　油彩
フランス、エクサンプロヴァンス大聖堂

モーセは、しゅうとでありミディアンの祭司であるエトロの羊の群れを飼っていたが、あるとき、その群れを荒れ野の奥へ追って行き、神の山ホレブに来た。そのとき、柴《しば》の間に燃え上がっている炎の中に主《しゅ》の御《み》使《つか》いが現れた。彼が見ると、見よ、柴は火に燃えているのに、柴は燃え尽きない。モーセは言った。「道をそれて、この不思議な光景を見届けよう。どうしてあの柴は燃え尽きないのだろう。」

主は、モーセが道をそれて見に来るのを御覧になった。神は柴の間から声をかけられ、「モーセよ、モーセよ」と言われた。彼が、「はい」と答えると、神が言われた。「ここに近づいてはならない。足から履物を脱ぎなさい。あなたの立っている場所は聖なる土地だから。」神は続けて言われた。「わたしはあなたの父の神である。アブラハムの神、イサクの神、ヤコブの神である。」モーセは、神を見ることを恐れて顔を覆った。

主は言われた。「わたしは、エジプトにいるわたしの民の苦しみをつぶさに見、追い使う者のゆえに叫ぶ彼らの叫び声を聞き、その痛みを知った。それゆえ、わたしは降《くだ》って行き、エジプト人の手から彼らを救い出し、この国から、広々としたすばらしい土地、乳と蜜《みつ》の流れる土地、カナン人、ヘト人、アモリ人、ペリジ人、ヒビ人、エブス人の住む所へ彼らを導き上る。

見よ、イスラエルの人々の叫び声が、今、わたしのもとに届いた。また、エジプト人が彼らを圧迫する有様を見た。今、行きなさい。わたしはあなたをファラオのもとに遣わす。わが民イスラエルの人々をエジプトから連れ出すのだ。」

出エジプト記　3章　1〜10節

フェッチ
「燃える柴を見るモーセ」
1615　油彩
ウィーン、美術史美術館

ドレ「過越の日の罰」
19世紀初 銅版画

主の過越

the passover

　エジプトの国で、主《しゅ》はモーセとアロンに言われた。
「この月をあなたたちの正月とし、年の初めの月としなさい。
イスラエルの共同体全体に次のように告げなさい。
『今月の十日、人はそれぞれ父の家ごとに、
すなわち家族ごとに小羊を一匹用意しなければならない。
もし、家族が少人数で小羊一匹を食べきれない場合には、
隣の家族と共に、人数に見合うものを用意し、
めいめいの食べる量に見合う小羊を選ばねばならない。
その小羊は、傷のない一歳の雄でなければならない。
用意するのは羊でも山羊でもよい。
それは、この月の十四日まで取り分けておき、
イスラエルの共同体の会衆が皆で夕暮れにそれを屠《ほふ》り、
その血を取って、小羊を食べる家の入り口の二本の柱と鴨居《かもい》に塗る。
そしてその夜、肉を火で焼いて食べる。
また、酵母を入れないパンを苦菜を添えて食べる。
肉は生で食べたり、煮て食べてはならない。
必ず、頭も四肢も内臓も切り離さずに火で焼かねばならない。
それを翌朝まで残しておいてはならない。
翌朝まで残った場合には、焼却する。
それを食べるときは、腰帯を締め、靴を履き、杖《つえ》を手にし、急いで食べる。
これが主の過越《すぎこし》である。
その夜、わたしはエジプトの国を巡り、
人であれ、家畜であれ、エジプトの国のすべての初子《ういご》を撃つ。
また、エジプトのすべての神々に裁きを行う。
わたしは主である。
あなたたちのいる家に塗った血は、あなたたちのしるしとなる。
血を見たならば、わたしはあなたたちを過ぎ越す。
わたしがエジプトの国を撃つとき、滅ぼす者の災いはあなたたちに及ばない。
この日は、あなたたちにとって記念すべき日となる。
あなたたちは、この日を主の祭りとして祝い、
代々にわたって守るべき不変の定めとして祝わねばならない。

出エジプト記　12 章 1〜14 節

民が逃亡したとの報告を受けると、エジプト王ファラオとその家臣は、民に対する考えを一変して言った。「ああ、我々は何ということをしたのだろう。イスラエル人を労役から解放して去らせてしまったとは。」ファラオは戦車に馬をつなぎ、自ら軍勢を率い、えり抜きの戦車六百をはじめ、エジプトの戦車すべてを動員し、それぞれに士官を乗り込ませた。主《しゅ》がエジプト王ファラオの心をかたくなにされたので、王はイスラエルの人々の後を追った。イスラエルの人々は、意気揚々と出て行ったが、エジプト軍は彼らの後を追い、ファラオの馬と戦車、騎兵と歩兵は、ピ・ハヒロトの傍《かたわ》らで、バアル・ツェフォンの前の海辺に宿営している彼らに追いついた。ファラオは既に間近に迫り、イスラエルの人々が目を上げて見ると、エジプト軍は既に背後に襲いかかろうとしていた。イスラエルの人々は非常に恐れて主に向かって叫び、また、モーセに言った。「我々を連れ出したのは、エジプトに墓がないからですか。荒れ野で死なせるためですか。一体、何をするためにエジプトから導き出したのですか。我々はエジプトで、『ほうっておいてください。自分たちはエジプト人に仕えます。荒れ野で死ぬよりエジプト人に仕える方がましです』と言ったではありませんか。」モーセは民に答えた。「恐れてはならない。落ち着いて、今日、あなたたちのために行われる主の救いを見なさい。あなたたちは今日、エジプト人を見ているが、もう二度と、永久に彼らを見ることはない。主があなたたちのために戦われる。あなたたちは静かにしていなさい。」

出エジプト記　14 章　5〜14 節

プッサン「紅海渡歩」
1634　油彩
メルボルン、
ヴィクトリア・ナショナル・ギャラリー

葦の海の奇跡

the miracle of the Red sea

主《しゅ》はモーセに言われた。「なぜ、わたしに向かって叫ぶのか。イスラエルの人々に命じて出発させなさい。杖《つえ》を高く上げ、手を海に向かって差し伸べて、海を二つに分けなさい。そうすれば、イスラエルの民は海の中の乾いた所を通ることができる。しかし、わたしはエジプト人の心をかたくなにするから、彼らはお前たちの後を追って来る。そのとき、わたしはファラオとその全軍、戦車と騎兵を破って栄光を現す。わたしがファラオとその戦車、騎兵を破って栄光を現すとき、エジプト人は、わたしが主であることを知るようになる。」

イスラエルの部隊に先立って進んでいた神の御使《みつか》いは、移動して彼らの後ろを行き、彼らの前にあった雲の柱も移動して後ろに立ち、エジプトの陣とイスラエルの陣との間に入った。真っ黒な雲が立ちこめ、光が闇夜《やみよ》を貫いた。両軍は、一晩中、互いに近づくことはなかった。モーセが手を海に向かって差し伸べると、主は夜もすがら激しい東風をもって海を押し返されたので、海は乾いた地に変わり、水は分かれた。イスラエルの人々は海の中の乾いた所を進んで行き、水は彼らの右と左に壁のようになった。エジプト軍は彼らを追い、ファラオの馬、戦車、騎兵がことごとく彼らに従って海の中に入って来た。朝の見張りのころ、主は火と雲の柱からエジプト軍を見下ろし、エジプト軍をかき乱された。戦車の車輪をはずし、進みにくくされた。エジプト人は言った。「イスラエルの前から退却しよう。主が彼らのためにエジプトと戦っておられる。」

主はモーセに言われた。「海に向かって手を差し伸べなさい。水がエジプト軍の上に、戦車、騎兵の上に流れ返るであろう。」モーセが手を海に向かって差し伸べると、夜が明ける前に海は元の場所へ流れ返った。エジプト軍は水の流れに逆らって逃げたが、主は彼らを海の中に投げ込まれた。水は元に戻り、戦車と騎兵、彼らの後を追って海に入ったファラオの全軍を覆い、一人も残らなかった。イスラエルの人々は海の中の乾いた所を進んだが、そのとき、水は彼らの右と左に壁となった。主はこうして、その日、イスラエルをエジプト人の手から救われた。イスラエルはエジプト人が海辺で死んでいるのを見た。イスラエルは、主がエジプト人に行われた大いなる御業《みわざ》を見た。民は主を畏《おそ》れ、主とその僕《しもべ》モーセを信じた。

出エジプト記　14 章　15～31 節

葦の海の奇跡

the miracle of the Red sea

ブロンツィーノ「紅海渡歩」
1540-46 フレスコ フィレンツェ、
エレオノーラ・ディ・トレド礼拝堂

イスラエルの人々の共同体全体はエリムを出発し、エリムとシナイとの間にあるシンの荒れ野に向かった。それはエジプトの国を出た年の第二の月の十五日であった。荒れ野に入ると、イスラエルの人々の共同体全体はモーセとアロンに向かって不平を述べ立てた。イスラエルの人々は彼らに言った。

「我々はエジプトの国で、主《しゅ》の手にかかって、死んだ方がましだった。あのときは肉のたくさん入った鍋《なべ》の前に座り、パンを腹いっぱい食べられたのに。あなたたちは我々をこの荒れ野に連れ出し、この全会衆を飢え死にさせようとしている。」

主はモーセに言われた。

「見よ、わたしはあなたたちのために、天からパンを降らせる。民は出て行って、毎日必要な分だけ集める。わたしは、彼らがわたしの指示どおりにするかどうかを試す。ただし、六日目に家に持ち帰ったものを整えれば、毎日集める分の二倍になっている。」

モーセとアロンはすべてのイスラエルの人々に向かって言った。

「夕暮れに、あなたたちは、主があなたたちをエジプトの国から導き出されたことを知り、朝に、主の栄光を見る。あなたたちが主に向かって不平を述べるのを主が聞かれたからだ。我々が何者なので、我々に向かって不平を述べるのか。」

モーセは更に言った。

「主は夕暮れに、あなたたちに肉を与えて食べさせ、朝にパンを与えて満腹にさせられる。主は、あなたたちが主に向かって述べた不平を、聞かれたからだ。一体、我々は何者なのか。あなたたちは我々に向かってではなく、実は、主に向かって不平を述べているのだ。」

出エジプト記　16 章　1〜8 節

マナ

manna

バウツ「マナの収集」
1464-68　油彩　祭壇画（部分）　ベルギー、シント・ピーテル大聖堂

プッサン「マナの収集」
1639　油彩　パリ、ルーブル美術館

マナ

manna

モーセがアロンに、「壺《つぼ》を用意し、その中に正味一オメルのマナを入れ、それを主《しゅ》の御前《みまえ》に置き、代々にわたって蓄えておきなさい」と言うと、アロンは、主がモーセに命じられたとおり、それを掟《おきて》の箱の前に置いて蓄えた。イスラエルの人々は、人の住んでいる土地に着くまで四十年にわたってこのマナを食べた。すなわち、カナン地方の境に到着するまで彼らはこのマナを食べた。一オメルは十分の一エファである。

出エジプト記　16 章　33〜36 節

ティントレット「マナの奇跡」
1592-94　油彩
ヴェネツィア、サン・ジョルジョ・マジョーレ聖堂

マナ

manna

ブルゴーニュの画家「マナの収集」
1500-25　油彩
フランス、聖ジュネ教会

主《しゅ》の命令により、イスラエルの人々の共同体全体は、シンの荒れ野を出発し、旅程に従って進み、レフィディムに宿営したが、そこには民の飲み水がなかった。民がモーセと争い、「我々に飲み水を与えよ」と言うと、モーセは言った。

「なぜ、わたしと争うのか。なぜ、主を試すのか。」

しかし、民は喉《のど》が渇いてしかたないので、モーセに向かって不平を述べた。

「なぜ、我々をエジプトから導き上ったのか。わたしも子供たちも、家畜までも渇きで殺すためなのか。」

岩からほとばしる水

water from the rock

バッチアカ「岩から水を出すモーセ」
1550　油彩
エジンバラ、スコットランド国立美術館

モーセは主に、「わたしはこの民をどうすればよいのですか。彼らは今にも、わたしを石で打ち殺そうとしています」と叫ぶと、主はモーセに言われた。

「イスラエルの長老数名を伴い、民の前を進め。また、ナイル川を打った杖《つえ》を持って行くがよい。見よ、わたしはホレブの岩の上であなたの前に立つ。あなたはその岩を打て。そこから水が出て、民は飲むことができる。」

出エジプト記　17 章　1〜6 節

プッサン「岩から水を出すモーセ」
1649　油彩
サンクト・ペテルブルク、エルミタージュ美術館

ティントレット「岩から水を出すモーセ」
1575-77　油彩　ヴェネチア、サン・ロクス同信会館

岩からほとばしる水

water from the rock

　モーセは、イスラエルの長老たちの目の前でそのとおりにした。彼は、その場所をマサ（試し）とメリバ（争い）と名付けた。イスラエルの人々が、「果たして、主《しゅ》は我々の間におられるのかどうか」と言って、モーセと争い、主を試したからである。

出エジプト記　17 章　6〜7 節

カステロ「岩から水を出すモーセ」
1650　油彩　パリ、ルーヴル美術館

レンブラント「モーセと十戒」
1659　油彩　ベルリン絵画館

十戒

the ten commandments

神はこれらすべての言葉を告げられた。

「わたしは主《しゅ》、あなたの神、あなたをエジプトの国、
奴隷の家から導き出した神である。

あなたには、わたしをおいてほかに神があってはならない。

あなたはいかなる像も造ってはならない。上は天にあり、下は地にあり、
また地の下の水の中にある、いかなるものの形も造ってはならない。
あなたはそれらに向かってひれ伏したり、それらに仕えたりしてはならない。
わたしは主、あなたの神。わたしは熱情の神である。
わたしを否む者には、父祖の罪を子孫に三代、四代までも問うが、
わたしを愛し、わたしの戒めを守る者には、幾千代にも及ぶ慈しみを与える。

あなたの神、主の名をみだりに唱えてはならない。
みだりにその名を唱える者を主は罰せずにはおかれない。

安息日《あんそくび》を心に留め、これを聖別せよ。
六日の間働いて、何であれあなたの仕事をし、
七日目は、あなたの神、主の安息日であるから、いかなる仕事もしてはならない。
あなたも、息子も、娘も、男女の奴隷も、家畜も、
あなたの町の門の中に寄留する人々も同様である。
六日の間に主は天と地と海とそこにあるすべてのものを造り、
七日目に休まれたから、主は安息日を祝福して聖別されたのである。

あなたの父母を敬え。そうすればあなたは、あなたの神、
主が与えられる土地に長く生きることができる。

殺してはならない。

姦淫《かんいん》してはならない。

盗んではならない。

隣人に関して偽証してはならない。

隣人の家を欲してはならない。隣人の妻、男女の奴隷、牛、
ろばなど隣人のものを一切欲してはならない。」

出エジプト記　20章　1〜17節

シャンパーニュ
「モーセと十戒」
1648　油彩
ミルウォーキー美術館

十戒

民全員は、雷鳴がとどろき、稲妻が光り、角笛《つのぶえ》の音が鳴り響いて、山が煙に包まれる有様を見た。民は見て恐れ、遠く離れて立ち、モーセに言った。「あなたがわたしたちに語ってください。わたしたちは聞きます。神がわたしたちにお語りにならないようにしてください。そうでないと、わたしたちは死んでしまいます。」モーセは民に答えた。「恐れることはない。神が来られたのは、あなたたちを試すためであり、また、あなたたちの前に神を畏《おそ》れる畏れをおいて、罪を犯させないようにするためである。」民は遠く離れて立ち、モーセだけが神のおられる密雲に近づいて行った。

出エジプト記　20 章　18～21 節

ドレ「モーセと十戒」
19世紀初　銅版画

金の子牛

the golden calf

ロッセッリとその工房「シナイからの下山」（部分）
1482　フレスコ　ヴァチカン、システィーナ礼拝堂

モーセが山からなかなか下りて来ないのを見て、民がアロンのもとに集まって来て、「さあ、我々に先立って進む神々を造ってください。エジプトの国から我々を導き上った人、あのモーセがどうなってしまったのか分からないからです」と言うと、アロンは彼らに言った。「あなたたちの妻、息子、娘らが着けている金の耳輪をはずし、わたしのところに持って来なさい。」民は全員、着けていた金の耳輪をはずし、アロンのところに持って来た。彼はそれを受け取ると、のみで型を作り、若い雄牛の鋳像を造った。すると彼らは、「イスラエルよ、これこそあなたをエジプトの国から導き上ったあなたの神々だ」と言った。アロンはこれを見て、その前に祭壇を築き、「明日、主《しゅ》の祭りを行う」と宣言した。彼らは次の朝早く起き、焼き尽くす献げ物をささげ、和解の献げ物を供えた。民は座って飲み食いし、立っては戯れた。

主はモーセに仰せになった。「直ちに下山せよ。あなたがエジプトの国から導き上った民は堕落し、早くもわたしが命じた道からそれて、若い雄牛の鋳像を造り、それにひれ伏し、いけにえをささげて、『イスラエルよ、これこそあなたをエジプトの国から導き上った神々だ』と叫んでいる。」主は更に、モーセに言われた。「わたしはこの民を見てきたが、実にかたくなな民である。今は、わたしを引き止めるな。わたしの怒りは彼らに対して燃え上がっている。

わたしは彼らを滅ぼし尽くし、あなたを大いなる民とする。」モーセは主なる神をなだめて言った。「主よ、どうして御自分の民に向かって怒りを燃やされるのですか。あなたが大いなる御力《みちから》と強い御手《みて》をもってエジプトの国から導き出された民ではありませんか。どうしてエジプト人に、『あの神は、悪意をもって彼らを山で殺し、地上から滅ぼし尽くすために導き出した』と言わせてよいでしょうか。どうか、燃える怒りをやめ、御自分の民にくだす災いを思い直してください。どうか、あなたの僕《しもべ》であるアブラハム、イサク、イスラエルを思い起こしてください。あなたは彼らに自ら誓って、『わたしはあなたたちの子孫を天の星のように増やし、わたしが与えると約束したこの土地をことごとくあなたたちの子孫に授け、永久にそれを継がせる』と言われたではありませんか。」主は御自身の民にくだす、と告げられた災いを思い直された。

出エジプト記　32 章 1～14 節

プッサン「金の子牛を拝む」
1660　油彩　ロンドン、ナショナル・ギャラリー

青銅の蛇

the bronze snake

彼らはホル山を旅立ち、
エドムの領土を迂回《うかい》し、
葦《あし》の海の道を通って行った。
しかし、
民は途中で耐えきれなくなって、
神とモーセに逆らって言った。
「なぜ、
我々をエジプトから導き上ったのですか。
荒れ野で死なせるためですか。
パンも水もなく、
こんな粗末な食物では、
気力もうせてしまいます。」
主《しゅ》は炎の蛇を民に向かって送られた。
蛇は民をかみ、
イスラエルの民の中から多くの死者が出た。
民はモーセのもとに来て言った。
「わたしたちは主とあなたを非難して、
罪を犯しました。
主に祈って、
わたしたちから蛇を取り除いてください。」
モーセは民のために主に祈った。
主はモーセに言われた。
「あなたは炎の蛇を造り、
旗竿《はたざお》の先に掲げよ。
蛇にかまれた者がそれを見上げれば、
命を得る。」
モーセは青銅で一つの蛇を造り、
旗竿の先に掲げた。
蛇が人をかんでも、
その人が青銅の蛇を仰ぐと、
命を得た。

民数記　21章　4〜9節

ティントレット「青銅の蛇」
1575-76　油彩
ヴェネチア、サン・ロクス同信会館

ダイク「モーセと青銅の蛇」
1620-21　油彩　マドリード、プラド美術館

青銅の蛇

the bronze snake

ブルドン「青銅の蛇」
1661　油彩　マドリード、プラド美術館

バラムとろば

Balaam's donkey

レンブラント「バラクとバラム」
1575-77　油彩　パリ、コニャック=ジェ美術館

バラムは朝起きるとろばに鞍《くら》をつけ、モアブの長と共に出かけた。
ところが、彼が出発すると、神の怒りが燃え上がった。主《しゅ》の御使《みつか》いは彼を妨げる者となって、道に立ちふさがった。バラムはろばに乗り、二人の若者を従えていた。主の御使いが抜き身の剣を手にして道に立ちふさがっているのを見たろばは、道をそれて畑に踏み込んだ。バラムはろばを打って、道に戻そうとした。主の御使いは、ぶどう畑の間の狭い道に立っていた。道の両側には石垣があった。ろばは主の御使いを見て、石垣に体を押しつけ、バラムの足も石垣に押しつけたので、バラムはまた、ろばを打った。主の御使いは更に進んで来て、右にも左にもそれる余地のない狭い場所に立ちふさがった。ろばは主の御使いを見て、バラムを乗せたままうずくまってしまった。バラムは怒りを燃え上がらせ、ろばを杖《つえ》で打った。主がそのとき、ろばの口を開かれたので、ろばはバラムに言った。「わたしがあなたに何をしたというのですか。三度もわたしを打つとは。」バラムはろばに言った。「お前が勝手なことをするからだ。もし、わたしの手に剣があったら、即座に殺していただろう。」ろばはバラムに言った。「わたしはあなたのろばですし、あなたは今日までずっとわたしに乗って来られたではありませんか。今まであなたに、このようなことをしたことがあるでしょうか。」彼は言った。「いや、なかった。」
主はこのとき、バラムの目を開かれた。彼は、主の御使いが抜き身の剣を手にして、道に立ちふさがっているのを見た。彼は身をかがめてひれ伏した。主の御使いは言った。「なぜ、このろばを三度も打ったのか。見よ、あなたはわたしに向かって道を進み、危険だったから、わたしは妨げる者として出て来たのだ。このろばはわたしを見たから、三度わたしを避けたのだ。ろばがわたしを避けていなかったなら、きっと今は、ろばを生かしておいても、あなたを殺していたであろう。」バラムは主の御使いに言った。「わたしの間違いでした。あなたがわたしの行く手に立ちふさがっておられるのをわたしは知らなかったのです。もしも、意に反するのでしたら、わたしは引き返します。」主の御使いはバラムに言った。「この人たちと共に行きなさい。しかし、ただわたしがあなたに告げることだけを告げなさい。」バラムはバラクの長たちと共に行った。

民数記　22 章 21～35 節

プッサン「ヨシュアの勝利」
1625-26　油彩　モスクワ、プーシキン美術館

ヨシュアは兵士全員、すべての勇士を率いてギルガルから出陣した。主《しゅ》はヨシュアに言われた。

「彼らを恐れてはならない。わたしは既に彼らをあなたの手に渡した。あなたの行く手に立ちはだかる者は一人もいない。」

ヨシュアはギルガルから夜通し軍を進め、彼らを急襲した。主はイスラエルの前で彼らを混乱に陥れられたので、ヨシュアはギブオンで敵に大打撃を与え、更に彼らを追ってベト・ホロンの坂道を登り、アゼカ、マケダまで彼らを追撃した。彼らがイスラエルの前から敗走し、ベト・ホロンの下り坂にさしかかったとき、主は天から大石を降らせた。それはアゼカまで続いたので、雹《ひょう》に打たれて死んだ者はイスラエルの人々が剣で殺した者よりも多かった。

主がアモリ人をイスラエルの人々に渡された日、ヨシュアはイスラエルの人々の見ている前で主をたたえて言った。

「日よとどまれギブオンの上に
月よとどまれアヤロンの谷に。」
日はとどまり
月は動きをやめた
民が敵を打ち破るまで。

『ヤシャルの書』にこう記されているように、日はまる一日、中天にとどまり、急いで傾こうとしなかった。主がこの日のように人の訴えを聞き届けられたことは、後にも先にもなかった。主はイスラエルのために戦われたのである。ヨシュアはその後、全イスラエルを率いてギルガルの陣営に戻った。

ヨシュア記　10章　7〜15節

ヨシュアの勝利

the victory of Joshua

その名をマノアという一人の男がいた。彼はダンの氏族に属し、ツォルアの出身であった。彼の妻は不妊の女で、子を産んだことがなかった。主《しゅ》の御使《みつか》いが彼女に現れて言った。「あなたは不妊の女で、子を産んだことがない。だが、身ごもって男の子を産むであろう。今後、ぶどう酒や強い飲み物を飲まず、汚れた物も一切食べないように気をつけよ。あなたは身ごもって男の子を産む。その子は胎内にいるときから、ナジル人として神にささげられているので、その子の頭にかみそりを当ててはならない。彼は、ペリシテ人の手からイスラエルを解き放つ救いの先駆者となろう。」女は夫のもとに来て言った。「神の人がわたしのところにおいでになりました。姿は神の御使いのようで、非常に恐ろしく、どこからおいでになったのかと尋ねることもできず、その方も名前を明かされませんでした。ただその方は、わたしが身ごもって男の子を産むことになっており、その子は胎内にいるときから死ぬ日までナジル人として神にささげられているので、わたしにぶどう酒や強い飲み物を飲まず、汚れた物も一切食べないようにとおっしゃいました。」

サムソンの誕生

the birth of Samson

デューラー
「素手で獅子を引き裂くサムソン」
銅版画

マノアは子山羊と穀物の献げ物を携え、岩の上に上って主、不思議なことをなさる方にささげようとした。マノアとその妻は見ていた。すると、祭壇から炎が天に上るとき、主の御使いも、その祭壇の炎と共に上って行った。マノアとその妻はそれを見て、ひれ伏して顔を地につけた。主の御使いは再びマノアとその妻に現れることがなかった。マノアはそのとき、この方が主の御使いであったことを知った。マノアは妻に、「わたしたちは神を見てしまったから、死なねばなるまい」と言った。だが妻は、「もし主がわたしたちを死なせようとお望みなら、わたしたちの手から焼き尽くす献げ物と穀物の献げ物をお受け取りにならなかったはずです。このようなことを一切お見せにならず、今こうした事をお告げにもならなかったはずです」と答えた。

この女は男の子を産み、その名をサムソンと名付けた。子は成長し、主はその子を祝福された。

士師記　13 章 2〜7、19〜24 節

レンブラント「マノアと妻の燔祭」
1641　油彩　ドレスデン美術館

サムソンは父母と共に、ティムナに向けて下って行った。ティムナのぶどう畑まで来たところ、一頭の若い獅子《しし》がほえながら向かって来た。そのとき主《しゅ》の霊が激しく彼に降《くだ》ったので、彼は手に何も持たなくても、子山羊を裂くように獅子を裂いた。しかし、彼は自分の行ったことを父母には言わなかった。彼は、女のところに下って行って言葉をかけた。サムソンは彼女が好きであった。

しばらくして彼は彼女を迎えに戻って行ったが、あの獅子の屍《しかばね》を見ようと脇《わき》道《みち》にそれたところ、獅子の死骸《しがい》には蜜蜂《みつばち》の群れがいて、蜜《みつ》があった。彼は手で蜜をかき集め、歩きながら食べた。また父母のところに行ってそれを差し出したので、彼らも食べた。しかし、その蜜が獅子の死骸からかき集めたものだとは言わなかった。

父がその女のところに下って来たとき、サムソンは若者たちの習慣に従い、宴会を催した。サムソンを見て、人々は三十人の客を連れて来てサムソンと同席させた。サムソンは彼らに言った。「あなたたちになぞをかけたい。宴会の続く七日の間にその意味を解き明かし、言い当てるなら、わたしは麻の衣三十着、着替えの衣三十着を差し上げる。もし解き明かせなかったなら、あなたたちが麻の衣三十着と、着替えの衣三十着を差し出すことにしよう。」彼らは、「なぞをかけてもらおう。聞こうではないか」と応じた。

士師記　14 章　5～13 節

サムソンの宴会

Samson's marriage

レンブラント「サムソンの結婚の宴」
1638　油彩　ドレスデン美術館

ドレ「サムソン、千人を殺す」
19世紀初　銅版画

サムソンの勝利

Samson's victory

サムソンがレヒに着くと、ペリシテ人は歓声をあげて彼を迎えた。そのとき、主《しゅ》の霊が激しく彼に降《くだ》り、腕を縛っていた縄は、火がついて燃える亜麻の糸のようになり、縄目は解けて彼の手から落ちた。彼は、真新しいろばのあご骨を見つけ、手を伸ばして取り、これで千人を打ち殺した。そこで彼は言った。

「ろばのあご骨で、ひと山、ふた山
ろばのあご骨で、千人を打ち殺した。」

こう言い終わると、彼は手に持っていたあご骨を投げ捨てた。こうして、その場所はラマト・レヒ（あご骨の高台）と呼ばれるようになった。彼は非常に喉《のど》が渇いていたので、主に祈って言った。「あなたはこの大いなる勝利を、この僕《しもべ》の手によってお与えになりました。しかし今、わたしは喉が渇いて死にそうで、無割礼《むかつれい》の者たちの手に落ちようとしています。」神はレヒのくぼんだ地を裂き、そこから水が湧《わ》き出るようにされた。彼はその水を飲んで元気を取り戻し、生き返った。それゆえ、その泉はエン・ハコレ（祈る者の泉）と呼ばれ、今日もレヒにある。

彼はペリシテ人の時代に、二十年間、士師《しし》としてイスラエルを裁いた。

士師記　15 章 14〜20 節

ダイク「サムソンの捕縛」
1628-30　油彩　ウイーン、美術史美術館

デリラの誘惑

Delilah seduces Samson

デリラはサムソンに言った。「あなたの怪力がどこに秘められているのか、教えてください。あなたを縛り上げて苦しめるにはどうすればいいのでしょう。」サムソンは、「乾いていない新しい弓弦七本で縛ればいい。そうすればわたしは弱くなり、並の人間のようになってしまう」と答えた。　ペリシテの領主たちが、乾いていない新しい弓弦を七本彼女に届けたので、彼女はそれでサムソンを縛った。奥の部屋には待ち伏せる者を置いて、彼女は、「サムソン、ペリシテ人があなたに」と言った。ところがサムソンは、弓弦をまるで麻のひもが火にあぶられて切れるように断ち切ってしまった。その力の秘密はまだ知られてはいなかった。

デリラはサムソンに言った。「あなたはわたしを侮り、うそをついたでしょう。あなたを縛り上げるにはどうすればいいのか、今教えてください。」彼は答えた。「まだ一度も使ったことのない新しい縄でしっかりと縛れば、わたしは弱くなり、並の人間のようになってしまう。」デリラは新しい縄を持って来て、それでサムソンを縛り、「サムソン、ペリシテ人があなたに」と言った。奥の部屋には待ち伏せる者がいたが、サムソンは腕の縄をまるで糸のように断ち切ってしまった。

士師記　16 章　6～12 節

ルーベンス「サムソンを策略するデリラ」
1608　油彩
ロンドン、ナショナル・ギャラリー

サムソン、髪を切られる

Samson's head shaved

デリラはサムソンに言った。「あなたは今度もわたしを侮り、うそをついたでしょう。あなたを縛り上げるにはどうすればいいのか教えてください。」彼が、「わたしの髪の毛七房を機《はた》の縦糸と共に織り込めばいいのだ」と言ったので、彼女はそれを釘《くぎ》で留めて、「サムソン、ペリシテ人があなたに」と言った。ところが、彼は眠りから覚め、釘も、機織り機と縦糸も引き抜いてしまった。

デリラは彼に言った。「あなたの心はわたしにはないのに、どうしてお前を愛しているなどと言えるのですか。もう三回もあなたはわたしを侮り、怪力がどこに潜んでいるのか教えてくださらなかった。」来る日も来る日も彼女がこう言ってしつこく迫ったので、サムソンはそれに耐えきれず死にそうになり、ついに心の中を一切打ち明けた。「わたしは母の胎内にいたときからナジル人として神にささげられているので、頭にかみそりを当てたことがない。もし髪の毛をそられたら、わたしの力は抜けて、わたしは弱くなり、並の人間のようになってしまう。」

士師記　16 章　13～17 節

クラナハ「サムソンとデリラ」
1529　テンペラ／油彩
ニューヨーク、メトロポリタン美術館

レンブラント「目をえぐられるサムソン」
1636　油彩　フランクフルト、シュテーデル美術研究所

デリラは、彼が心の中を一切打ち明けたことを見て取り、ペリシテ人の領主たちに使いをやり、「上って来てください。今度こそ、彼は心の中を一切打ち明けました」と言わせた。ペリシテ人の領主たちは銀を携えて彼女のところに来た。彼女は膝《ひざ》を枕《まくら》にサムソンを眠らせ、人を呼んで、彼の髪の毛七房をそらせた。彼女はこうして彼を抑え始め、彼の力は抜けた。彼女が、「サムソン、ペリシテ人があなたに」と言うと、サムソンは眠りから覚め、「いつものように出て行って暴れて来る」と言ったが、主《しゅ》が彼を離れられたことには気づいていなかった。ペリシテ人は彼を捕らえ、目をえぐり出してガザに連れて下り、青銅の足枷《あしかせ》をはめ、牢屋《ろうや》で粉をひかせた。しかし、彼の髪の毛はそられた後、また伸び始めていた。

ペリシテ人の領主たちは集まって、彼らの神ダゴンに盛大ないけにえをささげ、喜び祝って言った。

「我々の神は敵サムソンを
我々の手に渡してくださった。」

その民もまたサムソンを見て、彼らの神をたたえて言った。

「わが国を荒らし、数多くの同胞を殺した敵を
我々の神は、我々の手に渡してくださった。」

士師記　16 章　18～24 節

サムソン、目をえぐられる

Samson's eyes gouged out

彼らは上機嫌になり、「サムソンを呼べ。見せ物にして楽しもう」と言い出した。こうしてサムソンは牢屋《ろうや》から呼び出され、笑いものにされた。柱の間に立たされたとき、サムソンは彼の手をつかんでいた若者に、「わたしを引いて、この建物を支えている柱に触らせてくれ。寄りかかりたい」と頼んだ。建物の中は男女でいっぱいであり、ペリシテの領主たちも皆、これに加わっていた。屋上にも三千人もの男女がいて、見せ物にされたサムソンを見ていた。サムソンは主《しゅ》に祈って言った。「わたしの神なる主よ。わたしを思い起こしてください。神よ、今一度だけわたしに力を与え、ペリシテ人に対してわたしの二つの目の復讐《ふくしゅう》を一気にさせてください。」

それからサムソンは、建物を支えている真ん中の二本を探りあて、一方に右手を、他方に左手をつけて柱にもたれかかった。そこでサムソンは、「わたしの命はペリシテ人と共に絶えればよい」と言って、力を込めて押した。建物は領主たちだけでなく、そこにいたすべての民の上に崩れ落ちた。彼がその死をもって殺した者は、生きている間に殺した者より多かった。彼の兄弟たち、家族の者たちが皆、下って来て、彼を引き取り、ツォルアとエシュタオルの間にある父マノアの墓に運び、そこに葬った。彼は二十年間、士師《しし》としてイスラエルを裁いた。

士師記　16 章 25〜31 節

サムソン、神殿を壊す

the death of Samson

ドレ「サムソンの死」
19世紀初　銅版画

G. LAPLANTE.

プッサン「夏（ルツとボアズ）」
1660-64　油彩　パリ、ルーヴル美術館

ルツの落ち穂拾い

Ruth meets Boaz

ナオミの夫エリメレクの一族には一人の有力な親戚《しんせき》がいて、その名をボアズといった。モアブの女ルツがナオミに、「畑に行ってみます。だれか厚意を示してくださる方の後ろで、落ち穂を拾わせてもらいます」と言うと、ナオミは、「わたしの娘よ、行っておいで」と言った。ルツは出かけて行き、刈り入れをする農夫たちの後について畑で落ち穂を拾ったが、そこはたまたまエリメレクの一族のボアズが所有する畑地であった。

ボアズがベツレヘムからやって来て、農夫たちに、「主《しゅ》があなたたちと共におられますように」と言うと、彼らも、「主があなたを祝福してくださいますように」と言った。ボアズが農夫を監督している召し使いの一人に、そこの若い女は誰《だれ》の娘かと聞いた。召し使いは答えた。

「あの人は、モアブの野からナオミと一緒に戻ったモアブの娘です。『刈り入れをする人たちの後について麦束の間で落ち穂を拾い集めさせてください』と願い出て、朝から今までずっと立ち通しで働いておりましたが、今、小屋で一息入れているところです。」

ボアズはルツに言った。

「わたしの娘よ、よく聞きなさい。よその畑に落ち穂を拾いに行くことはない。ここから離れることなく、わたしのところの女たちと一緒にここにいなさい。刈り入れをする畑を確かめておいて、女たちについて行きなさい。若い者には邪魔をしないように命じておこう。喉《のど》が渇いたら、水がめの所へ行って、若い者がくんでおいた水を飲みなさい。」

ルツは、顔を地につけ、ひれ伏して言った。「よそ者のわたしにこれほど目をかけてくださるとは。厚意を示してくださるのは、なぜですか。」

ボアズは答えた。

「主人が亡くなった後も、しゅうとめに尽くしたこと、両親と生まれ故郷を捨てて、全く見も知らぬ国に来たことなど、何もかも伝え聞いていました。

どうか、主があなたの行いに豊かに報いてくださるように。イスラエルの神、主がその御翼《みつばさ》のもとに逃れて来たあなたに十分に報いてくださるように。」

ルツは言った。

「わたしの主よ。どうぞこれからも厚意を示してくださいますように。あなたのはしための一人にも及ばぬこのわたしですのに、心に触れる言葉をかけていただいて、本当に慰められました。」

ルツ記　2章 1〜13節

ボアズが町の門のところへ上って行って座ると、
折よく、ボアズが話していた当の親戚《しんせき》の人が通り過ぎようとした。
「引き返してここにお座りください」と言うと、
その人は引き返してきて座った。
ボアズは町の長老のうちから十人を選び、
ここに座ってくださいと頼んだので、彼らも座った。
ボアズはその親戚の人に言った。
「モアブの野から帰って来たナオミが、
わたしたちの一族エリメレクの所有する畑地を手放そうとしています。
それでわたしの考えをお耳に入れたいと思ったのです。
もしあなたに責任を果たすおつもりがあるのでしたら、
この裁きの座にいる人々と民の長老たちの前で買い取ってください。
もし責任を果たせないのでしたら、わたしにそう言ってください。
それならわたしが考えます。
責任を負っている人はあなたのほかになく、わたしはその次の者ですから。」
「それではわたしがその責任を果たしましょう」
と彼が言うと、ボアズは続けた。
「あなたがナオミの手から畑地を買い取るときには、
亡くなった息子の妻であるモアブの婦人ルツも引き取らなければなりません。
故人の名をその嗣業《しぎょう》の土地に再興するためです。」
すると親戚の人は言った。
「そこまで責任を負うことは、わたしにはできかねます。
それではわたしの嗣業を損なうことになります。
親族としてわたしが果たすべき責任をあなたが果たしてくださいませんか。
そこまで責任を負うことは、わたしにはできかねます。」
かつてイスラエルでは、親族としての責任の履行や譲渡にあたって、
一切の手続きを認証するためには、
当事者が自分の履物を脱いで相手に渡すことになっていた。
これが、イスラエルにおける認証の手続きであった。
その親戚の人は、「どうぞあなたがその人をお引き取りください」
とボアズに言って、履物を脱いだ。ボアズはそこで、長老とすべての民に言った。

「あなたがたは、今日、
わたしがエリメレクとキルヨンとマフロンの遺産をことごとくナオミの手から
買い取ったことの証人になったのです。
また、わたしはマフロンの妻であったモアブの婦人ルツも引き取って妻とします。
故人の名をその嗣業の土地に再興するため、
また故人の名が一族や郷里の門から絶えてしまわないためです。
あなたがたは、今日、このことの証人になったのです。」

　ペレツの系図は次のとおりである。
　ペレツにはヘツロンが生まれた。
ヘツロンにはラムが生まれ、ラムにはアミナダブが生まれた。
アミナダブにはナフションが生まれ、ナフションにはサルマが生まれた。
サルマにはボアズが生まれ、ボアズにはオベドが生まれた。
オベドにはエッサイが生まれ、エッサイにはダビデが生まれた。

ルツ記　4章 1〜10、18〜22 節

ルツの結婚

Boaz marries Ruth

サウル王に仕えるダビデ

David in Saul's service

主《しゅ》の霊はサウルから離れ、主から来る悪霊が彼をさいなむようになった。サウルの家臣はサウルに勧めた。「あなたをさいなむのは神からの悪霊でしょう。王様、御前《みまえ》に仕えるこの僕《しもべ》どもにお命じになり、竪琴《たてごと》を上手に奏でる者を探させてください。神からの悪霊が王様を襲うとき、おそばで彼の奏でる竪琴が王様の御気分を良くするでしょう。」サウルは家臣に命じた。「わたしのために竪琴の名手を見つけ出して、連れて来なさい。」

レンブラント「サウルにハープを奏するダビデ」
1633　油彩　フランクフルト、シュテーデル美術研究所従者の一人が答えた。「わたしが会ったベツレヘムの人エッサイの息子は竪琴を巧みに奏でるうえに、勇敢な戦士で、戦術の心得もあり、しかも、言葉に分別があって外見も良く、まさに主が共におられる人です。」サウルは、エッサイに使者を立てて言った。「あなたの息子で、羊の番をするダビデを、わたしのもとによこしなさい。」エッサイは、パンを積んだろばとぶどう酒の入った革袋と子山羊一匹を用意し、息子ダビデに持たせてサウルに送った。ダビデはサウルのもとに来て、彼に仕えた。王はダビデが大層気に入り、王の武器を持つ者に取り立てた。サウルはエッサイに言い送った。「ダビデをわたしに仕えさせるように。彼は、わたしの心に適った。」神の霊がサウルを襲うたびに、ダビデが傍《かたわ》らで竪琴を奏でると、サウルは心が安まって気分が良くなり、悪霊は彼を離れた。

サムエル記上　16章　14〜23節

スピネリ「サウルにハープを奏するダビデ」
17世紀中頃　油彩　フィレンツェ、ウフィツィ美術館

主は羊飼い

the Lord our shepherd

賛歌。ダビデの詩。

主《しゅ》は羊飼い、
わたしには何も欠けることがない。
主はわたしを青草の原に休ませ
憩いの水のほとりに伴い
魂を生き返らせてくださる。

主は御名《みな》にふさわしく
わたしを正しい道に導かれる。
死の陰の谷を行くときも
わたしは災いを恐れない。
あなたがわたしと共にいてくださる。
あなたの鞭《むち》、あなたの杖《つえ》
それがわたしを力づける。

わたしを苦しめる者を前にしても
あなたはわたしに食卓を整えてくださる。
わたしの頭に香油を注ぎ
わたしの杯を溢《あふれ》れさせてくださる。

命のある限り
恵みと慈しみはいつもわたしを追う。
主の家にわたしは帰り
生涯、そこにとどまるであろう。

詩編　23 編　1~6 節

カスターニョ「若きダビデ」
1450　皮革　テンペラ
ワシントン、ナショナルギャラリー

ペリシテ人は戦いに備えて軍隊を召集した。彼らはユダのソコに集結し、ソコとアゼカの間にあるエフェス・ダミムに陣を張った。一方、サウルとイスラエルの兵も集結し、エラの谷に陣を敷き、ペリシテ軍との戦いに備えた。ペリシテ軍は一方の山に、イスラエル軍は谷を挟んでもう一方の山に陣取った。ペリシテの陣地から一人の戦士が進み出た。その名をゴリアトといい、ガト出身で、背丈は六アンマ半、頭に青銅の兜《かぶと》をかぶり、身には青銅五千シェケルの重さのあるうろことじの鎧《よろい》を着、足には青銅のすね当てを着け、肩に青銅の投げ槍《やり》を背負っていた。槍の柄は機《はた》織りの巻き棒のように太く、穂先は鉄六百シェケルもあり、彼の前には、盾持ちがいた。ゴリアトは立ちはだかり、イスラエルの戦列に向かって呼ばわった。「どうしてお前たちは、戦列を整えて出て来るのか。わたしはペリシテ人、お前たちはサウルの家臣。一人を選んで、わたしの方へ下りて来させよ。その者にわたしと戦う力があって、もしわたしを討ち取るようなことがあれば、我々はお前たちの奴隷となろう。だが、わたしが勝ってその者を討ち取ったら、お前たちが奴隷となって我々に仕えるのだ。」このペリシテ人は続けて言った。「今日、わたしはイスラエルの戦列に挑戦する。相手を一人出せ。一騎打ちだ。」サウルとイスラエルの全軍は、このペリシテ人の言葉を聞いて恐れおののいた。

サムエル記上 17章 1〜11節

ダビデとゴリアト

David and Goliath

ダビデの言ったことを聞いて、サウルに告げる者があったので、サウルはダビデを召し寄せた。ダビデはサウルに言った。「あの男のことで、だれも気を落としてはなりません。僕《しもべ》が行って、あのペリシテ人と戦いましょう。」サウルはダビデに答えた。「お前が出てあのペリシテ人と戦うことなどできはしまい。お前は少年だし、向こうは少年のときから戦士だ。」しかし、ダビデは言った。「僕は、父の羊を飼う者です。獅子《しし》や熊《くま》が出て来て群れの中から羊を奪い取ることがあります。そのときには、追いかけて打ちかかり、その口から羊を取り戻します。向かって来れば、たてがみをつかみ、打ち殺してしまいます。わたしは獅子も熊も倒してきたのですから、あの無割礼《むかつれい》のペリシテ人もそれらの獣の一匹のようにしてみせましょう。彼は生ける神の戦列に挑戦したのですから。」ダビデは更に言った。「獅子の手、熊の手からわたしを守ってくださった主《しゅ》は、あのペリシテ人の手からも、わたしを守ってくださるにちがいありません。」サウルはダビデに言った。「行くがよい。主がお前と共におられるように。」サウルは、ダビデに自分の装束を着せた。彼の頭に青銅の兜《かぶと》をのせ、身には鎧《よろい》を着けさせた。ダビデは、その装束の上にサウルの剣を帯びて歩いてみた。だが、彼はこれらのものに慣れていなかった。ダビデはサウルに言った。「こんなものを着たのでは、歩くこともできません。慣れていませんから。」ダビデはそれらを脱ぎ去り、自分の杖《つえ》を手に取ると、川岸から滑らかな石を五つ選び、身に着けていた羊飼いの投石袋に入れ、石投げ紐《ひも》を手にして、あのペリシテ人に向かって行った。

サムエル記上 17章 31〜40節

ダビデとゴリアト

David and Goliath

カラヴァッジオ「ゴリアトの首をもつ少年」
1599-1600 油彩 マドリード、プラド美術館

レーニ「ダビデ」
1605頃　油彩　フィレンツェ、ウフィツィ美術館

ペリシテ人は、盾持ちを先に立て、ダビデに近づいて来た。彼は見渡し、ダビデを認め、ダビデが血色の良い、姿の美しい少年だったので、侮った。このペリシテ人はダビデに言った。「わたしは犬か。杖《つえ》を持って向かって来るのか。」そして、自分の神々によってダビデを呪《のろい》い、更にダビデにこう言った。「さあ、来い。お前の肉を空の鳥や野の獣にくれてやろう。」だが、ダビデもこのペリシテ人に言った。「お前は剣や槍や投げ槍でわたしに向かって来るが、わたしはお前が挑戦したイスラエルの戦列の神、万軍の主《しゅ》の名によってお前に立ち向かう。

ダビデとゴリアト

David and Goliath

ジェンティレスキ
「ゴリアトに勝ったダビデ」
1610　油彩　ベルリン絵画館

今日、主はお前をわたしの手に引き渡される。わたしは、お前を討ち、お前の首をはね、今日、ペリシテ軍のしかばねを空の鳥と地の獣に与えよう。全地はイスラエルに神がいますことを認めるだろう。主は救いを賜るのに剣や槍を必要とはされないことを、ここに集まったすべての者は知るだろう。この戦いは主のものだ。主はお前たちを我々の手に渡される。」

ダビデとゴリアト

David and Goliath

ペリシテ人は身構え、ダビデに近づいて来た。ダビデも急ぎ、ペリシテ人に立ち向かうため戦いの場に走った。ダビデは袋に手を入れて小石を取り出すと、石投げ紐《ひも》を使って飛ばし、ペリシテ人の額を撃った。石はペリシテ人の額に食い込み、彼はうつ伏せに倒れた。ダビデは石投げ紐と石一つでこのペリシテ人に勝ち、彼を撃ち殺した。ダビデの手には剣もなかった。ダビデは走り寄って、そのペリシテ人の上にまたがると、ペリシテ人の剣を取り、さやから引き抜いてとどめを刺し、首を切り落とした。ペリシテ軍は、自分たちの勇士が殺されたのを見て、逃げ出した。イスラエルとユダの兵は立って、鬨の声をあげ、ペリシテ軍を追撃して、ガイの境エクロンの門に至った。ペリシテ人は刺し殺され、ガトとエクロンに至るシャアライムの道に倒れていた。イスラエルの兵士はペリシテ軍追撃から帰ると、彼らの陣営を略奪した。ダビデはあのペリシテ人の首を取ってエルサレムに持ち帰り、その武具は自分の天幕に置いた。

サムエル記上　17 章　48〜54 節

トルニエ「ゴリアトに勝ったダビデ」
1619-26　油彩　ワルシャワ、国立美術館

マンフレディ「ダビデの凱旋」
1600　油彩　パリ、ルーヴル美術館

ダビデの勝利

David's victory

ロッセーリ「ダビデの凱旋」
1620　油彩　フィレンツェ

ダビデは、サウルが派遣するたびに出陣して勝利を収めた。サウルは彼を戦士の長に任命した。このことは、すべての兵士にも、サウルの家臣にも喜ばれた。

皆が戻り、あのペリシテ人を討ったダビデも帰って来ると、イスラエルのあらゆる町から女たちが出て来て、太鼓を打ち、喜びの声をあげ、三絃琴《さんげんきん》を奏で、歌い踊りながらサウル王を迎えた。女たちは楽を奏し、歌い交わした。

「サウルは千を討ち
ダビデは万を討った。」

サウルはこれを聞いて激怒し、悔しがって言った。「ダビデには万、わたしには千。あとは、王位を与えるだけか。」この日以来、サウルはダビデをねたみの目で見るようになった。

サムエル記 上　18章 5〜9節

ロレンツォ・リッピ「ダビデの凱旋」
1650　油彩

レンブラント「ダビデとヨナタン」
1642　油彩　サンクト・ペテルブルク、エルミタージュ美術館

ダビデとヨナタン

David and Jonathan

ダビデがサウルと話し終えたとき、ヨナタンの魂はダビデの魂に結びつき、ヨナタンは自分自身のようにダビデを愛した。サウルはその日、ダビデを召し抱え、父の家に帰ることを許さなかった。ヨナタンはダビデを自分自身のように愛し、彼と契約を結び、着ていた上着を脱いで与え、また自分の装束を剣、弓、帯に至るまで与えた。

サウルは、息子のヨナタンと家臣の全員に、ダビデを殺すようにと命じた。しかし、サウルの息子ヨナタンはダビデに深い愛情を抱いていたので、ダビデにこのことを告げた。「わたしの父サウルはあなたを殺そうとねらっている。朝になったら注意して隠れ場にとどまり、見つからないようにしていなさい。あなたのいる野原にわたしは出て行って父の傍《かたわ》らに立ち、あなたについて父に話してみる。様子を見て、あなたに知らせよう。」

ヨナタンは父サウルにダビデをかばって話した。「王がその僕《しもべ》であるダビデのゆえに、罪を犯したりなさいませんように。彼は父上に対して罪を犯していないばかりか、大変お役に立っているのです。彼が自分の命をかけてあのペリシテ人を討ったから、主《しゅ》はイスラエルの全軍に大勝利をお与えになったのです。あなたはそれを見て、喜び祝われたではありませんか。なぜ、罪なき者の血を流し、理由もなくダビデを殺して、罪を犯そうとなさるのですか。」サウルはヨナタンの言葉を聞き入れて誓った。「主は生きておられる。彼を殺しはしない。」

サムエル記上　18章 1～4 節、19 章 1～6 節

ダビデとバト・シェバ

David and Bathsheba

年が改まり、王たちが出陣する時期になった。
ダビデは、ヨアブとその指揮下においた自分の家臣、
そしてイスラエルの全軍を送り出した。
彼らはアンモン人を滅ぼし、ラバを包囲した。
しかしダビデ自身はエルサレムにとどまっていた。

サムエル記下　11章 1節

メムリンク「水浴するバト・シェバ」
油彩　ドイツ、シュトゥットガルト美術館

ナルディーニ「水浴するバト・シェバ」
1580　油彩　サンクト・ペテルブルク、エルミタージュ美術館

マセイス（ヤン）
「水浴するバト・シェバ」
1562　油彩
パリ、ルーヴル美術館

ダビデとバト・シェバ

David and Bathsheba

ハールレム「バト・シェバ」
1594　油彩
オランダ、アムステルダム国立美術館

ある日の夕暮れに、ダビデは午睡から起きて、
王宮の屋上を散歩していた。彼は屋上から、
一人の女が水を浴びているのを目に留めた。
女は大層美しかった。
ダビデは人をやって女のことを尋ねさせた。
それはエリアムの娘バト・シェバで、
ヘト人ウリヤの妻だということであった。
ダビデは使いの者をやって彼女を召し入れ、
彼女が彼のもとに来ると、床を共にした。
彼女は汚れから身を清めたところであった。
女は家に帰ったが、子を宿したので、ダビデに使いを送り、
「子を宿しました」と知らせた。

サムエル記下 11章 2〜5節

ダビデとバト・シェバ

レンブラント「バト・シェバ」
1654　油彩　パリ、ルーヴル美術館

ダビデの罪

David's sin

ダビデはヨアブに、ヘト人ウリヤを送り返すように命令を出し、ヨアブはウリヤをダビデのもとに送った。ウリヤが来ると、ダビデはヨアブの安否、兵士の安否を問い、また戦況について尋ねた。それからダビデはウリヤに言った。「家に帰って足を洗うがよい。」

ウリヤが王宮を退出すると、王の贈り物が後に続いた。しかしウリヤは王宮の入り口で主君の家臣と共に眠り、家に帰らなかった。ウリヤが自分の家に帰らなかったと知らされたダビデは、ウリヤに尋ねた。「遠征から帰って来たのではないか。なぜ家に帰らないのか。」ウリヤはダビデに答えた。「神の箱も、イスラエルもユダも仮小屋に宿り、わたしの主人ヨアブも主君の家臣たちも野営していますのに、わたしだけが家に帰って飲み食いしたり、妻と床を共にしたりできるでしょうか。あなたは確かに生きておられます。わたしには、そのようなことはできません。」ダビデはウリヤに言った。「今日もここにとどまるがよい。明日、お前を送り出すとしよう。」ウリヤはその日と次の日、エルサレムにとどまった。ダビデはウリヤを招き、食事を共にして酔わせたが、夕暮れになるとウリヤは退出し、主君の家臣たちと共に眠り、家には帰らなかった。

翌朝、ダビデはヨアブにあてて書状をしたため、ウリヤに託した。書状には、「ウリヤを激しい戦いの最前線に出し、彼を残して退却し、戦死させよ」と書かれていた。町の様子を見張っていたヨアブは、強力な戦士がいると判断した辺りにウリヤを配置した。町の者たちは出撃してヨアブの軍と戦い、ダビデの家臣と兵士から戦死者が出た。ヘト人ウリヤも死んだ。

ヨアブはダビデにこの戦いの一部始終について報告を送り、使者に命じた。「戦いの一部始終を王に報告し終えたとき、もし王が怒って、『なぜそんなに町に接近して戦ったのか。城壁の上から射かけてくると分かっていたはずだ。昔、エルベシェトの子アビメレクを討ち取ったのは誰《だれ》だったか。あの男がテベツで死んだのは、女が城壁の上から石臼《いしうす》を投げつけたからではないか。なぜそんなに城壁に接近したのだ』と言われたなら、『王の僕《しもべ》ヘト人ウリヤも死にました』と言うがよい。」

使者は出発し、ダビデのもとに到着してヨアブの伝言をすべて伝えた。使者はダビデに言った。「敵は我々より優勢で、野戦を挑んで来ました。我々が城門の入り口まで押し返すと、射手が城壁の上から僕らに矢を射かけ、王の家臣からも死んだ者が出、王の僕ヘト人ウリヤも死にました。」ダビデは使者に言った。「ヨアブにこう伝えよ。『そのことを悪かったと見なす必要はない。剣があればだれかが餌食《えじき》になる。奮戦して町を滅ぼせ。』そう言って彼を励ませ。」

ウリヤの妻は夫ウリヤが死んだと聞くと、夫のために嘆いた。喪が明けると、ダビデは人をやって彼女を王宮に引き取り、妻にした。彼女は男の子を産んだ。ダビデのしたことは主《しゅ》の御心《みこころ》に適わなかった。

サムエル記下　11章　6〜27節

ダビデの悔い改め

David's repentance

主《しゅ》はナタンをダビデのもとに遣わされた。ナタンは来て、次のように語った。
「二人の男がある町にいた。
一人は豊かで、一人は貧しかった。
豊かな男は非常に多くの羊や牛を持っていた。
貧しい男は自分で買った一匹の雌の小羊のほかに
　　何一つ持っていなかった。
彼はその小羊を養い
　　小羊は彼のもとで育ち、息子たちと一緒にいて
彼の皿から食べ、彼の椀《わん》から飲み
彼のふところで眠り、彼にとっては娘のようだった。
ある日、豊かな男に一人の客があった。
彼は訪れて来た旅人をもてなすのに
自分の羊や牛を惜しみ
貧しい男の小羊を取り上げて
自分の客に振る舞った。」

ダビデはその男に激怒し、ナタンに言った。「主は生きておられる。そんなことをした男は死罪だ。小羊の償いに四倍の価を払うべきだ。そんな無慈悲なことをしたのだから。」ナタンはダビデに向かって言った。「その男はあなただ。イスラエルの神、主はこう言われる。『あなたに油を注いでイスラエルの王としたのはわたしである。わたしがあなたをサウルの手から救い出し、あなたの主君であった者の家をあなたに与え、その妻たちをあなたのふところに置き、イスラエルとユダの家をあなたに与えたのだ。不足なら、何であれ加えたであろう。なぜ主の言葉を侮り、わたしの意に背くことをしたのか。あなたはヘト人ウリヤを剣にかけ、その妻を奪って自分の妻とした。ウリヤをアンモン人の剣で殺したのはあなただ。それゆえ、剣はとこしえにあなたの家から去らないであろう。あなたがわたしを侮り、ヘト人ウリヤの妻を奪って自分の妻としたからだ。』主はこう言われる。『見よ、わたしはあなたの家の者の中からあなたに対して悪を働く者を起こそう。あなたの目の前で妻たちを取り上げ、あなたの隣人に与える。彼はこの太陽の下であなたの妻たちと床を共にするであろう。あなたは隠れて行ったが、わたしはこれを全イスラエルの前で、太陽の下で行う。』」

ダビデはナタンに言った。「わたしは主に罪を犯した。」ナタンはダビデに言った。「その主があなたの罪を取り除かれる。あなたは死の罰を免れる。しかし、このようなことをして主を甚だしく軽んじたのだから、生まれてくるあなたの子は必ず死ぬ。」ナタンは自分の家に帰って行った。主はウリヤの妻が産んだダビデの子を打たれ、その子は弱っていった。

サムエル記下　12 章 1〜15 節

指揮者によって。賛歌。ダビデの詩。
ダビデがバト・シェバと通じたので
預言者《よげんしゃ》ナタンがダビデのもとに来たとき。

神よ、わたしを憐《あわ》れんでください
　　御慈《おんいつく》しみをもって。
深い御憐《おんあわ》れみをもって
　　背きの罪をぬぐってください。
わたしの咎《とが》をことごとく洗い
罪から清めてください。

あなたに背いたことをわたしは知っています。
わたしの罪は常にわたしの前に置かれています。
あなたに、あなたのみにわたしは罪を犯し
御目《おんめ》に悪事と見られることをしました。あなたの言われることは正しく
あなたの裁きに誤りはありません。

わたしは咎のうちに産み落とされ
母がわたしを身ごもったときも
　　わたしは罪のうちにあったのです。
あなたは秘儀ではなくまことを望み
秘術を排して知恵を悟らせてくださいます。
ヒソプの枝でわたしの罪を払ってください
　　わたしが清くなるように。
わたしを洗ってください
　　雪よりも白くなるように。
喜び祝う声を聞かせてください
あなたによって砕かれたこの骨が喜び躍るように。
わたしの罪に御顔《みかお》を向けず
咎をことごとくぬぐってください。

神よ、わたしの内に清い心を創造し
新しく確かな霊を授けてください。
御前《みまえ》からわたしを退けず
あなたの聖なる霊を取り上げないでください。
御救《みすく》いの喜びを再びわたしに味わわせ
自由の霊によって支えてください。
わたしはあなたの道を教えます
あなたに背いている者に
罪人が御《み》もとに立ち帰るように。

神よ、わたしの救いの神よ
流血の災いからわたしを救い出してください。
恵みの御業《みわざ》をこの舌は喜び歌います。
主《しゅ》よ、わたしの唇を開いてください
この口はあなたの賛美を歌います。

もしいけにえがあなたに喜ばれ
焼き尽くす献げ物が御旨《みむね》にかなうのなら
わたしはそれをささげます。
しかし、神の求めるいけにえは打ち砕かれた霊。
打ち砕かれ悔いる心を
神よ、あなたは侮られません。

御旨のままにシオンを恵み
エルサレムの城壁を築いてください。
そのときには、正しいいけにえも
焼き尽くす完全な献げ物も、あなたに喜ばれ
そのときには、あなたの祭壇に
雄牛がささげられるでしょう。

詩編 51編 1~21節

ダビデの悔い改め

David's repentance

ソロモンの知恵

Solomon asks for wisdom

王はいけにえをささげるためにギブオンへ行った。そこに重要な聖なる高台があったからである。ソロモンはその祭壇に一千頭もの焼き尽くす献げ物をささげた。その夜、主《しゅ》はギブオンでソロモンの夢枕《ゆめまくら》に立ち、「何事でも願うがよい。あなたに与えよう」と言われた。ソロモンは答えた。「あなたの僕《しもべ》、わたしの父ダビデは忠実に、憐《あわ》れみ深く正しい心をもって御前《みまえ》を歩んだので、あなたは父に豊かな慈しみをお示しになりました。またあなたはその豊かな慈しみを絶やすことなくお示しになって、今日、その王座につく子を父に与えられました。わが神、主よ、あなたは父ダビデに代わる王として、この僕をお立てになりました。しかし、わたしは取るに足らない若者で、どのようにふるまうべきかを知りません。僕はあなたのお選びになった民の中にいますが、その民は多く、数えることも調べることもできないほどです。どうか、あなたの民を正しく裁き、善と悪を判断することができるように、この僕に聞き分け

る心をお与えください。そうでなければ、この数多いあなたの民を裁くことが、誰《だれ》にできましょう。」

主はソロモンのこの願いをお喜びになった。神はこう言われた。「あなたは自分のために長寿を求めず、富を求めず、また敵の命も求めることなく、訴えを正しく聞き分ける知恵を求めた。見よ、わたしはあなたの言葉に従って、今あなたに知恵に満ちた賢明な心を与える。あなたの先にも後にもあなたに並ぶ者はいない。わたしはまた、あなたの求めなかったもの、富と栄光も与える。生涯にわたってあなたと肩を並べうる王は一人もいない。もしあなたが父ダビデの歩んだように、わたしの掟と戒めを守って、わたしの道を歩むなら、あなたに長寿をも恵もう。」ソロモンは目を覚まして、それが夢だと知った。ソロモンはエルサレムに帰り、主の契約の箱の前に立って、焼き尽くす献げ物と和解の献げ物をささげ、家臣のすべてを招いて宴を張った。

列王記 上　3 章 4～15 節

ジョルダーノ「ソロモンの夢」
1693　油彩　マドリード、プラド美術館

プッサン「ソロモンの審判」
1649　油彩　パリ、ルーヴル美術館

ソロモンの知恵

wisdom of Solomon

そのころ、遊女が二人王のもとに来て、その前に立った。一人はこう言った。「王様、よろしくお願いします。わたしはこの人と同じ家に住んでいて、その家で、この人のいるところでお産をしました。三日後に、この人もお産をしました。わたしたちは一緒に家にいて、ほかにだれもいず、わたしたちは二人きりでした。ある晩のこと、この人は寝ているときに赤ん坊に寄りかかったため、この人の赤ん坊が死んでしまいました。そこで夜中に起きて、わたしの眠っている間にわたしの赤ん坊を取って自分のふところに寝かせ、死んだ子をわたしのふところに寝かせたのです。わたしが朝起きて自分の子に乳をふくませようとしたところ、子供は死んでいるではありませんか。その朝子供をよく見ますと、わたしの産んだ子ではありませんでした。」もう一人の女が言った。「いいえ、生きているのがわたしの子で、死んだのがあなたの子です。」さきの女は言った。「いいえ、死んだのはあなたの子で、生きているのがわたしの子です。」

列王記上　3章　16〜22節

二人は王の前で言い争った。王は言った。「『生きているのがわたしの子で、死んだのはあなたの子だ』と一人が言えば、もう一人は、『いいえ、死んだのはあなたの子で、生きているのがわたしの子だ』と言う。」 そして王は、「剣を持って来るように」と命じた。王の前に剣が持って来られると、王は命じた。「生きている子を二つに裂き、一人に半分を、もう一人に他の半分を与えよ。」 生きている子の母親は、その子を哀れに思うあまり、「王様、お願いです。この子を生かしたままこの人にあげてください。 この子を絶対に殺さないでください」と言った。しかし、もう一人の女は、「この子をわたしのものにも、この人のものにもしないで、裂いて分けてください」と言った。王はそれに答えて宣言した。「この子を生かしたまま、さきの女に与えよ。この子を殺してはならない。その女がこの子の母である。」

王の下した裁きを聞いて、イスラエルの人々は皆、王を畏《おそ》れ敬うようになった。神の知恵が王のうちにあって、正しい裁きを行うのを見たからである。

列王記 上　3章 22〜28節

ソロモンの知恵

wisdom of Solomon

ジョルジオーネ「ソロモンの審判」
1502-08　油彩　フィレンツェ、ウフィツィ美術館

シェバの女王の来訪

the queen of Sheba visits Solomon

ロラン「シェバの女王の乗船」
1648　油彩　ロンドン、ナショナルギャラリーシェバの女王は主《しゅ》の御名《みな》によるソロモンの名声を聞き、難問をもって彼を試そうとしてやって来た。彼女は極めて大勢の随員を伴い、香料、非常に多くの金、宝石をらくだに積んでエルサレムに来た。ソロモンのところに来ると、彼女はあらかじめ考えておいたすべての質問を浴びせたが、ソロモンはそのすべてに解答を与えた。王に分からない事、答えられない事は何一つなかった。

シェバの女王は、ソロモンの知恵と彼の建てた宮殿を目の当たりにし、また食卓の料理、居並ぶ彼の家臣、丁重にもてなす給仕たちとその装い、献酌官、それに王が主の神殿でささげる焼き尽くす献げ物を見て、息も止まるような思いであった。

女王は王に言った。

「わたしが国で、あなたの御事績とあなたのお知恵について聞いていたことは、本当のことでした。わたしは、ここに来て、自分の目で見るまでは、そのことを信じてはいませんでした。しかし、わたしに知らされていたことはその半分にも及ばず、お知恵と富はうわさに聞いていたことをはるかに超えています。あなたの臣民はなんと幸せなことでしょう。いつもあなたの前に立ってあなたのお知恵に接している家臣たちはなんと幸せなことでしょう。あなたをイスラエルの王位につけることをお望みになったあなたの神、主はたたえられますように。主はとこしえにイスラエルを愛し、あなたを王とし、公正と正義を行わせられるからです。」

列王記 上　10 章　1～9 節

ヴィッツ「ソロモンとシェバの女王」
1437　ベルリン、国立美術館

クニュプファー「ソロモン王の前のシェバの女王」油彩
サンクト・ペテルブルク、エルミタージュ美術館

シェバの女王の来訪

the queen of Sheba visits Solomon

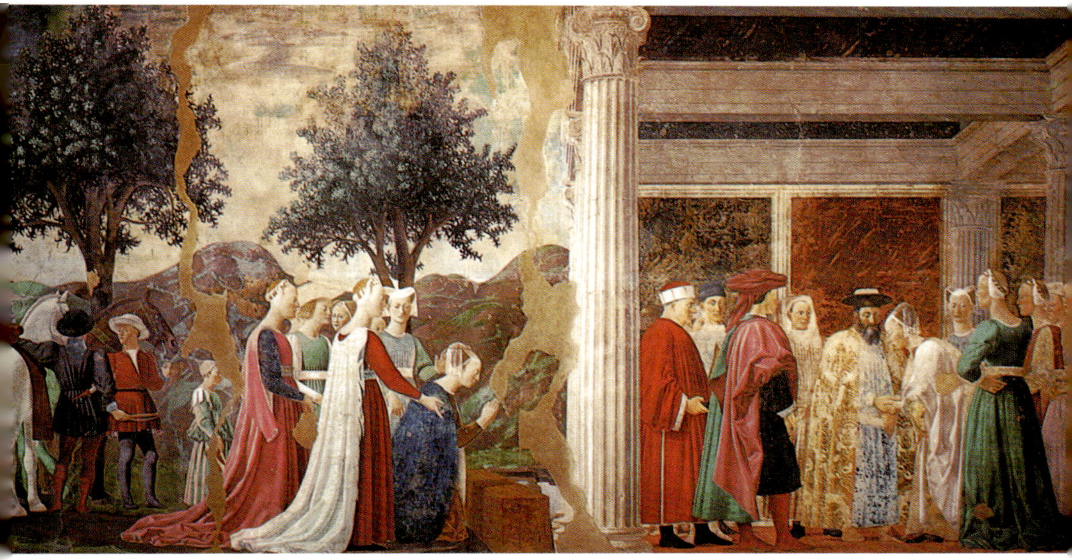

フランチェスカ「シェバの女王のソロモン王訪問」
1452-66　フレスコ
アレッツォ、サン・フランチェスコ聖堂

コンカ「ソロモンの異教への礼拝」
1735　油彩　マドリード、プラド美術館

ソロモン王はファラオの娘のほかにもモアブ人、 アンモン人、エドム人、シドン人、ヘト人など多くの外国の女を愛した。これらの諸国の民については、主《しゅ》がかつてイスラエルの人々に、「あなたたちは彼らの中に入って行ってはならない。彼らをあなたたちの中に入れてはならない。彼らは必ずあなたたちの心を迷わせ、彼らの神々に向かわせる」と仰せになったが、ソロモンは彼女たちを愛してそのとりことなった。

彼には妻たち、 すなわち七百人の王妃と三百人の側室がいた。この妻たちが彼の心を迷わせた。 ソロモンが老境に入ったとき、彼女たちは王の心を迷わせ、他の神々に向かわせた。こうして彼の心は、父ダビデの心とは異なり、自分の神、主と一つではなかった。ソロモンは、シドン人の女神アシュトレト、アンモン人の憎むべき神ミルコムに従った。ソロモンは主の目に悪とされることを行い、 父ダビデのようには主に従い通さなかった。 そのころ、ソロモンは、モアブ人の憎むべき神ケモシュのために、エルサレムの東の山に聖なる高台を築いた。アンモン人の憎むべき神モレクのためにもそうした。また、外国生まれの妻たちすべてのためにも同様に行ったので、 彼女らは、 自分たちの神々に香をたき、いけにえをささげた。

列王記 上　11章　1～8節

ソロモンの背信

Solomon's wives

ブルドン「女神に礼拝を捧げるソロモン」
1660　マドリード、プラド美術館

シャセリオー「エステルの化粧」
1841　油彩　パリ、ルーヴル美術館

エステルの選び

Esther made queen

要塞の町スサに一人のユダヤ人がいた。名をモルデカイといい、キシュ、シムイ、ヤイルと続くベニヤミン族の家系に属していた。この人は、バビロン王ネブカドネツァルによって、ユダ王エコンヤと共にエルサレムから連れて来られた捕囚民の中にいた。モルデカイは、ハダサに両親がいないので、その後見人となっていた。彼女がエステルで、モルデカイにはいとこに当たる。娘は姿も顔立ちも美しかった。両親を亡くしたので、モルデカイは彼女を自分の娘として引き取っていた。

モルデカイの伯父アビハイルの娘で、モルデカイに娘として引き取られていたエステルにも、王のもとに召される順番が回ってきたが、エステルは後宮の監督、宦官ヘガイの勧めるもの以外に、何も望まなかった。エステルを見る人は皆、彼女を美しいと思った。さて、エステルは王宮のクセルクセス王のもとに連れて行かれた。その治世の第七年の第十の月、すなわちテベトの月のことである。王はどの女にもましてエステルを愛し、エステルは娘たちの中で王の厚意と愛に最も恵まれることとなった。王は彼女の頭に王妃の冠を置き、ワシュティに代わる王妃とした。次いで、王は盛大な酒宴を催して、大臣、家臣をことごとく招いた。これが、「エステルの酒宴」である。更に、王は諸州に対し免税を布告し、王の寛大さを示すにふさわしい祝いの品を与えた。

その後、クセルクセス王はアガグ人ハメダタの子ハマンを引き立て、同僚の大臣のだれよりも高い地位につけた。王宮の門にいる役人は皆、ハマンが来るとひざまずいて敬礼した。王がそのように命じていたからである。しかし、モルデカイはひざまずかず、敬礼しなかった。王宮の門にいる役人たちはモルデカイに言った。「なぜあなたは王の命令に背くのか。」来る日も来る日もこう言われたが、モルデカイは耳を貸さなかった。モルデカイが自分はユダヤ人だと言っていたので、彼らはそれを確かめるようにハマンに勧めた。ハマンは、モルデカイが自分にひざまずいて敬礼しないのを見て、腹を立てていた。モルデカイがどの民族に属するのかを知らされたハマンは、モルデカイ一人を討つだけでは不十分だと思い、クセルクセスの国中にいるモルデカイの民、ユダヤ人を皆、滅ぼそうとした。クセルクセス王の治世の第十二年の第一の月、すなわちニサンの月に、ハマンは自分の前でプルと呼ばれるくじを投げさせた。次から次へと日が続き、次から次へと月が動く中で、第十二の月すなわちアダルの月がくじに当たった。

エステル記　2章　5～7節、15～18節、3章　1～7節

エステルへの説得

Mordecai persuades Esther to help

モルデカイは事の一部始終を知ると、衣服を裂き、粗布《あらぬの》をまとって灰をかぶり、都の中に出て行き、苦悩に満ちた叫び声をあげた。更に彼は王宮の門の前まで来たが、粗布をまとって門に入ることは禁じられていた。勅書が届いた所では、どの州でもユダヤ人の間に大きな嘆きが起こった。多くの者が粗布をまとい、灰の中に座って断食し、涙を流し、悲嘆にくれた。

女官と宦官《かんがん》が来て、このことを王妃エステルに告げたので、彼女は非常に驚き、粗布を脱がせようとしてモルデカイに衣服を届けた。しかし、モルデカイはそれを受け取ろうとしなかった。そこでエステルはハタクを呼んでモルデカイのもとに遣わし、何事があったのか、なぜこのようなことをするのかを知ろうとした。ハタクは王に仕える宦官で、王妃のもとに遣わされて彼女に仕えていた。ハタクは王宮の門の前の広場にいるモルデカイのもとに行った。モルデカイは事の一部始終、すなわちユダヤ人を絶滅して銀貨を国庫に払い込む、とハマンが言ったことについて詳しく語った。彼はスサで公示されたユダヤ人絶滅の触れ書きの写しを託し、これをエステルに見せて説明するように頼んだ。同時に、彼女自身が王のもとに行って、自分の民族のために寛大な処置を求め、嘆願するように伝言させた。ハタクは戻ってモルデカイの言葉をエステルに伝えた。エステルはまたモルデカイへの返事をハタクにゆだねた。「この国の役人と国民のだれもがよく知っているとおり、王宮の内庭におられる王に、召し出されずに近づく者は、男であれ女であれ死刑に処せられる、と法律の一条に定められております。ただ、王が金の笏《しゃく》を差し伸べられる場合にのみ、その者は死を免れます。三十日このかた私にはお召しがなく、王のもとには参っておりません。」エステルの返事がモルデカイに伝えられると、モルデカイは再びエステルに言い送った。「他のユダヤ人はどうであれ、自分は王宮にいて無事だと考えてはいけない。この時にあたってあなたが口を閉ざしているなら、ユダヤ人の解放と救済は他のところから起こり、あなた自身と父の家は滅ぼされるにちがいない。この時のためにこそ、あなたは王妃の位にまで達したのではないか。」エステルはモルデカイに返事を送った。「早速、スサにいるすべてのユダヤ人を集め、私のために三日三晩断食し、飲食を一切断ってください。私も女官たちと共に、同じように断食いたします。このようにしてから、定めに反することではありますが、私は王のもとに参ります。このために死ななければならないのでしたら、死ぬ覚悟でおります。」

そこでモルデカイは立ち去り、すべてエステルに頼まれたとおりにした。

エステル記　4章 1〜17節

王とハマンは、王妃エステルの酒宴にやって来た。この二日目の日も同様に、ぶどう酒を飲みながら王は言った。「王妃エステルよ、何か望みがあるならかなえてあげる。願いとあれば国の半分なりとも与えよう。」「王よ、もしお心に適いますなら」と王妃エステルは答えた。「もし特別な御配慮をいただき、私の望みをかなえ、願いを聞いていただけますならば、私のために私の命と私の民族の命をお助けいただきとうございます。私と私の民族は取り引きされ、滅ぼされ、殺され、絶滅させられそうになっているのでございます。私どもが、男も女も、奴隷として売られるだけなら、王を煩わすほどのことではございませんから、私は黙ってもおりましょう。」

クセルクセス王は王妃エステルに、「一体、誰《だれ》がそのようなことをたくらんでいるのか、その者はどこにいるのか」と尋ねた。エステルは答えた。「その恐ろしい敵とは、この悪者ハマンでございます。」ハマンは王と王妃の前で恐れおののいた。王は怒って立ち上がり、酒宴をあとにして王宮の庭に出た。ハマンは王妃エステルに命《いのち》乞《ご》いをしようとしてとどまった。王による不幸が決定的になった、と分かったからである。ハマンがエステルのいる長いすに身を投げかけているところへ、王宮の庭から王が酒宴の間に戻って来た。王は言った。「わたしのいるこの宮殿で、王妃にまで乱暴しようとするのか。」この言葉が王の口から発せられるやいなや、人々はハマンの顔に覆いをかぶせた。宦《かん》官《がん》の一人、ハルボナは王に言った。「ちょうど、柱があります。王のために貴重なことを告げてくれたあのモルデカイをつるそうとして、ハマンが立てたものです。五十アンマもの高さをもって、ハマンの家に立てられています。」王は、「ハマンをそれにつるせ」と命じた。こうしてハマンは、自分がモルデカイのために立てた柱につるされ、王の怒りは治まった。

エステル記　7 章　1〜10 節

ハマンの失脚

Haman hanged

レンブラント「エステルの酒宴での王とハマン」
1660　油彩　モスクワ、プーシキン美術館

ヴェロネーゼ「エステルの失神」
1662　油彩　パリ、ルーヴル美術館

ユダヤ人の勝利

triumph of the Jews

　その日クセルクセス王は、ユダヤ人の敵ハマンの家を王妃エステルに与えた。エステルはモルデカイとの間柄を知らせたので、モルデカイは王の前に出た。王はハマンから取り返した指輪をモルデカイに与え、エステルは彼をハマンの家の管理人とした。

　エステルは、再び王の前に申し出て、その足もとにひれ伏し、涙を流し、憐《あわ》れみを乞《こ》い、アガグ人ハマンの悪事、すなわち、ユダヤ人に対して彼がたくらんだことを無効にしていただくことを願った。王が金の笏《しゃく》を差し伸べたので、エステルは身を起こし、王の前に立って、言った。「もしお心に適い、特別の御配慮をいただき、また王にも適切なことと思われ、私にも御目《おんめ》をかけていただけますなら、アガグ人ハメダタの子ハマンの考え出した文書の取り消しを書かせていただきとうございます。ハマンは国中のユダヤ人を皆殺しにしようとしてあの文書を作りました。私は自分の民族にふりかかる不幸を見るに忍びず、また同族の滅亡を見るに忍びないのでございます。」そこでクセルクセス王は王妃エステルとユダヤ人モルデカイに言った。「わたしはハマンの家をエステルに与え、ハマンを木につるした。ハマンがユダヤ人を滅ぼそうとしたからにほかならない。お前たちはよいと思うことをユダヤ人のために王の名によって書き記し、王の指輪で印を押すがよい。王の名によって書き記され、王の指輪で印を押された文書は、取り消すことができない。」

エステル記　8章 1〜8節

ユダヤ人の喜び

joy of the Jews

　そのころ、第三の月のこと、すなわちシワンの月の二十三日に、王の書記官が召集され、インドからクシュに至るまで、百二十七州にいるユダヤ人と総督、地方長官、諸州の高官たちに対してモルデカイが命ずるがままに文書が作成された。それは各州ごとにその州の文字で、各民族ごとにその民族の言語で、ユダヤ人にはユダヤ文字とその言語で、クセルクセス王の名によって書き記され、王の指輪で印を押してあった。その文書は王家の飼育所で育てられた御用馬《ごようば》の早馬に乗った急使によって各地に届けられた。こうして王の命令によって、どの町のユダヤ人にも自分たちの命を守るために集合し、自分たちを迫害する民族や州の軍隊を女や子供に至るまで一人残らず滅ぼし、殺し、絶滅させ、その持ち物を奪い取ることが許された。これはクセルクセス王の国中どこにおいても一日だけ、第十二の月、すなわちアダルの月の十三日と定められた。この文

書の写しはどの州でもすべての民族に国の定めとして公示され、ユダヤ人は敵に復讐《ふくしゅう》するためその日に備えるようになった。御用馬の早馬に乗った急使は王の命令によって直ちに急いで出立し、要塞《ようさい》の町スサでもこの定めが言い渡された。

モルデカイが紫と白の王服に、大きな黄金の冠と白と赤の上着を着け、王の前から退出してくると、スサの都は歓声に包まれた。それはユダヤ人にとって輝かしく、祝うべきこと、喜ばしく、誉れあることであった。王の命令とその定めが届くと、州という州、町という町で、ユダヤ人は喜び祝い、宴会を開いて楽しくその日を過ごした。その地の民族にもユダヤ人になろうとする者が多く出た。ユダヤ人に対する恐れに襲われたからである。

エステル記　8章 9～17節

プッサン「エステルの失神」
1640　油彩　サンクト・ペテルブルク、エルミタージュ美術館

イエス・キリストの誕生の預言

the prophecies of the birth of Jesus Christ

＜ダビデの位＞

闇《やみ》の中を歩む民は、大いなる光を見
死の陰の地に住む者の上に、光が輝いた。
あなたは深い喜びと
　　大きな楽しみをお与えになり
人々は御前《みまえ》に喜び祝った。
刈り入れの時を祝うように
戦利品を分け合って楽しむように。
彼らの負う軛《くびき》、肩を打つ杖《つえ》、虐げる者の鞭《むち》を
あなたはミディアンの日のように
　　折ってくださった。
地を踏み鳴らした兵士の靴
血にまみれた軍服はことごとく
火に投げ込まれ、焼き尽くされた。
ひとりのみどりごがわたしたちのために生まれた。
ひとりの男の子がわたしたちに与えられた。
権威が彼の肩にある。
その名は、「驚くべき指導者、力ある神
永遠の父、平和の君」と唱えられる。
ダビデの王座とその王国に権威は増し
平和は絶えることがない。
王国は正義と恵みの業《わざ》によって
今もそしてとこしえに、立てられ支えられる。
万軍の主《しゅ》の熱意がこれを成し遂げる。

イザヤ書　9章 1〜6節

＜平和の王＞

エッサイの株からひとつの芽が萌《も》えいで
その根からひとつの若枝が育ち
その上に主《しゅ》の霊がとどまる。
知恵と識別の霊
思慮と勇気の霊
主を知り、畏《おそ》れ敬う霊。
彼は主を畏れ敬う霊に満たされる。
目に見えるところによって裁きを行わず
耳にするところによって弁護することはない。
弱い人のために正当な裁きを行い
この地の貧しい人を公平に弁護する。
その口の鞭《むち》をもって地を打ち
唇の勢いをもって逆らう者を死に至らせる。
正義をその腰の帯とし
真実をその身に帯びる。

狼《おおかみ》は小羊と共に宿り
豹《ひょう》は子山羊と共に伏す。
子牛は若獅子《わかじし》と共に育ち
小さい子供がそれらを導く。
牛も熊《くま》も共に草をはみ
その子らは共に伏し
獅子《しし》も牛もひとしく干し草を食らう。
乳飲み子は毒蛇の穴に戯れ
幼子は蝮《まむし》の巣に手を入れる。
わたしの聖なる山においては
何ものも害を加えず、滅ぼすこともない。
水が海を覆っているように
大地は主を知る知識で満たされる。
その日が来れば
エッサイの根は
　　すべての民の旗印として立てられ
国々はそれを求めて集う。
そのとどまるところは栄光に輝く。

イザヤ書　11章 1〜10節

新約聖書

new testament

＜アートバイブル 新約版　目次＞

新約聖書

new testament

イエス・キリストの系図 1
天使の訪れ 3
受胎告知 5
キリストの誕生 9
羊飼いの礼拝 15
東方の博士の礼拝 19
エジプトへの逃避 25
神殿での少年イエス 27
イエスの洗礼 31
誘惑を受けるイエス 35
最初の弟子たちの召命 39
カナの婚礼での奇跡 41
サマリアの女とイエスの出会い 45
マタイの召命 51
ベトザタの池での奇跡 53
十二弟子を選ぶ 55
山上の説教 57
嵐を静めるイエス 59
生き返った娘と息子 61
盲人の癒し 63
洗礼者ヨハネの処刑 65
五千人の給食の奇跡 71
湖の上を歩くイエス 75
罪深い女の信仰 77
ペトロの信仰告白 79
イエスの変貌 83
神殿税を納める 85
罪赦された女 87
おが屑と丸太の譬え 89
良き羊飼いの譬え 91
善きサマリア人の譬え 93
放蕩息子の譬え 95
十人のおとめの譬え 99
マルタとマリア 101
イエスに近づく様々な人々 103
ラザロの死と復活 105

＜キリストの受難と復活＞

エルサレム入城 111
神殿の潔め 115
弟子の足を洗うイエス 117

ユダの裏切り　121
最後の晩餐　123
ゲツセマネの祈り　129
ユダの接吻　133
祭司の前のイエス　137
ペトロ、イエスを否認する　141
ユダの自殺　143
ピラトから尋問される　145
死刑の判決　147
水で手を洗うピラト　151
むち打ち　155
兵士からの侮辱　157
十字架を背負う　161
十字架にかかる　169
Ｉ・Ｎ・Ｒ・Ｉ　179
イエスの死　181
脇腹を刺す　187
百人隊長の信仰　189
マグダラのマリアの信仰　191
十字架から降ろされる　193
イエスへの哀悼　199
埋葬されるイエス　207
イエスの復活　213
復活のイエスとの出会い　221
トマスの疑い　227
エマオの途上　229
七人の弟子たちに現れる　233
イエスの昇天　237
聖霊降臨　241
最後の審判　243
愛の教え　249

索引

作者名別索引　251
作品所蔵場所別索引　253

イエス・キリストの系図

the ancestors of Jesus Christ

ベリーニ（ジョバンニ）「祝福するキリスト」
1460頃　油彩　パリ、ルーヴル美術館

アブラハムの子ダビデの子、
イエス・キリストの系図。
アブラハムはイサクをもうけ、
イサクはヤコブを、ヤコブはユダとその兄弟たちを、
ユダはタマルによってペレツとゼラを、
ペレツはヘツロンを、ヘツロンはアラムを、
アラムはアミナダブを、アミナダブはナフションを、
ナフションはサルモンを、サルモンはラハブによってボアズを、
ボアズはルツによってオベドを、オベドはエッサイを、
エッサイはダビデ王をもうけた。
ダビデはウリヤの妻によってソロモンをもうけ、
ソロモンはレハブアムを、レハブアムはアビヤを、
アビヤはアサを、アサはヨシャファトを、
ヨシャファトはヨラムを、ヨラムはウジヤを、
ウジヤはヨタムを、ヨタムはアハズを、
アハズはヒゼキヤを、ヒゼキヤはマナセを、
マナセはアモスを、アモスはヨシヤを、
ヨシヤは、バビロンへ移住させられたころ、
エコンヤとその兄弟たちをもうけた。
バビロンへ移住させられた後、
エコンヤはシャルティエルをもうけ、
シャルティエルはゼルバベルを、ゼルバベルはアビウドを、
アビウドはエリアキムを、エリアキムはアゾルを、
アゾルはサドクを、サドクはアキムを、
アキムはエリウドを、エリウドはエレアザルを、
エレアザルはマタンを、マタンはヤコブを、
ヤコブはマリアの夫ヨセフをもうけた。
このマリアからメシアと呼ばれるイエスがお生まれになった。
こうして、全部合わせると、アブラハムからダビデまで十四代、
ダビデからバビロンへの移住まで十四代、
バビロンへ移されてからキリストまでが十四代である。

マタイによる福音書　1章　1～17節

六か月目に、天使ガブリエルは、ナザレというガリラヤの町に神から遣わされた。ダビデ家のヨセフという人のいいなずけであるおとめのところに遣わされたのである。そのおとめの名はマリアといった。天使は、彼女のところに来て言った。「おめでとう、恵まれた方。主《しゅ》があなたと共におられる。」

ルカによる福音書　1章　26～28節

天使の訪れ

God sent
the angel Gabriel

フランチェスカ「受胎告知」
1470　テンペラ
ペルージア、ウンブリア国立美術館

受胎告知

the birth of Jesus is announced

マリアはこの言葉に戸惑い、いったいこの挨拶《あいさつ》は何のことかと考え込んだ。すると、天使は言った。「マリア、恐れることはない。あなたは神から恵みをいただいた。あなたは身ごもって男の子を産むが、その子をイエスと名付けなさい。その子は偉大な人になり、いと高き方の子と言われる。神である主は、彼に父ダビデの王座をくださる。彼は永遠にヤコブの家を治め、その支配は終わることがない。」

ルカによる福音書　1章　29～33節

グレコ「受胎告知」
1603-05　油彩
カナダ、ユサイイスタ・セフォロラ病院

ベリーニ（ヤコポ）「受胎告知」
1440頃　油彩

マリアは天使に言った。
「どうして、そのようなことがありえましょうか。
わたしは男の人を知りませんのに。」
天使は答えた。
「聖霊《せいれい》があなたに降《くだ》り、いと高き方の力があなたを包む。
だから、生まれる子は聖なる者、神の子と呼ばれる。
あなたの親類のエリサベトも、年をとっているが、男の子を身ごもっている。
不妊の女と言われていたのに、もう六か月になっている。
神にできないことは何一つない。」
マリアは言った。
「わたしは主《しゅ》のはしためです。お言葉どおり、この身に成りますように。」
そこで、天使は去って行った。

ルカによる福音書　1章　34～38節

受胎告知

the birth of Jesus is announced

ジェンティレスキ父娘「受胎告知」
1623頃　油彩
トリノ、サバウダ美術館

イエス・キリストの誕生の次第は次のようであった。
母マリアはヨセフと婚約していたが、二人が一緒になる前に、
聖霊《せいれい》によって身ごもっていることが明らかになった。
夫ヨセフは正しい人であったので、マリアのことを表ざたにするのを望まず、
ひそかに縁を切ろうと決心した。
このように考えていると、主《しゅ》の天使が夢に現れて言った。
「ダビデの子ヨセフ、恐れず妻マリアを迎え入れなさい。
マリアの胎の子は聖霊によって宿ったのである。
マリアは男の子を産む。その子をイエスと名付けなさい。
この子は自分の民を罪から救うからである。」
このすべてのことが起こったのは、
主が預言者《よげんしゃ》を通して言われていたことが実現するためであった。
「見よ、おとめが身ごもって男の子を産む。
その名はインマヌエルと呼ばれる。」
この名は、「神は我々と共におられる」という意味である。
ヨセフは眠りから覚めると、主の天使が命じたとおり、妻を迎え入れ、
男の子が生まれるまでマリアと関係することはなかった。
そして、その子をイエスと名付けた。

マタイによる福音書　1章　18〜25節

キリストの誕生

the birth of Jesus Christ

シャンパンニ「夢に現れた天使」
1636　油彩
ロンドン、ナショナル・ギャラリー

　そのころ、皇帝アウグストゥスから全領土の住民に、
登録をせよとの勅令が出た。
これは、キリニウスがシリア州の総督であったときに行われた
最初の住民登録である。
人々は皆、登録するためにおのおの自分の町へ旅立った。
ヨセフもダビデの家に属し、その血筋であったので、
ガリラヤの町ナザレから、
ユダヤのベツレヘムというダビデの町へ上って行った。
身ごもっていた、いいなずけのマリアと一緒に登録するためである。
ところが、彼らがベツレヘムにいるうちに、
マリアは月が満ちて、初めての子を産み、
布にくるんで飼い葉《ば》桶《おけ》に寝かせた。
宿屋には彼らの泊まる場所がなかったからである。

ルカによる福音書　2章　1〜7節

キリストの誕生

the birth of Jesus Christ

ジオット「キリスト降誕」
1305　フレスコ
パドヴァ、スクロベーニ礼拝堂

フランチェスカ「聖誕賛美」
1462　テンペラ
ロンドン、ナショナル・ギャラリー

キリストの誕生

the birth of Jesus Christ

ロマニロ「キリストの誕生」
1525-30　油彩
ブレシア、市立絵画館

　その地方で羊飼いたちが野宿をしながら、
夜通し羊の群れの番をしていた。
すると、
主《しゅ》の天使が近づき、
主の栄光が周りを照らしたので、
彼らは非常に恐れた。
天使は言った。
「恐れるな。
わたしは、
民全体に与えられる大きな喜びを告げる。
今日ダビデの町で、
あなたがたのために救い主がお生まれになった。
この方こそ主メシアである。
あなたがたは、
布にくるまって飼い葉《ば》桶《おけ》の中に寝ている乳飲み子を見つけるであろう。
これがあなたがたへのしるしである。」
すると、
突然、
この天使に天の大軍が加わり、
神を賛美して言った。
　「いと高きところには栄光、
神にあれ、
　地には平和、
御心《みこころ》に適う人にあれ。」

羊飼いの礼拝

the shepherds worship Jesus

天使たちが離れて天に去ったとき、
羊飼いたちは、
「さあ、
ベツレヘムへ行こう。
主が知らせてくださったその出来事を見ようではないか」
と話し合った。
そして急いで行って、
マリアとヨセフ、
また飼い葉桶に寝かせてある乳飲み子を探し当てた。
その光景を見て、
羊飼いたちは、
この幼子について天使が話してくれたことを人々に知らせた。
聞いた者は皆、
羊飼いたちの話を不思議に思った。
しかし、
マリアはこれらの出来事をすべて心に納めて、
思い巡らしていた。
羊飼いたちは、
見聞きしたことがすべて天使の話したとおりだったので、
神をあがめ、
賛美しながら帰って行った。
八日たって割《かつ》礼《れい》の日を迎えたとき、
幼子はイエスと名付けられた。
これは、
胎内に宿る前に天使から示された名である。

ルカによる福音書　2章　8〜21節

羊飼いの礼拝

the shepherds worship Jesus

リベラ「羊飼いの礼拝」
1650　油彩
パリ、ルーヴル美術館

バティスタ・マイノ
「羊飼いの礼拝」
1638　油彩
サンクト・ペテルブルク、
エルミタージュ美術館

サセッタ「東方三博士の旅」
1428-29　テンペラ
ニューヨーク、メトロポリタン美術館

東方の博士の礼拝

visitors from the east

イエスは、ヘロデ王の時代にユダヤのベツレヘムでお生まれになった。そのとき、占星術の学者たちが東の方からエルサレムに来て、言った。「ユダヤ人の王としてお生まれになった方は、どこにおられますか。わたしたちは東方でその方の星を見たので、拝みに来たのです。」これを聞いて、ヘロデ王は不安を抱いた。エルサレムの人々も皆、同様であった。王は民の祭司長たちや律法《りっぽう》学者たちを皆集めて、メシアはどこに生まれることになっているのかと問いただした。

マタイによる福音書　2章　1~4節

彼らは言った。「ユダヤのベツレヘムです。
預言者《よげんしゃ》がこう書いています。
『ユダの地、ベツレヘムよ、
お前はユダの指導者たちの中で
決していちばん小さいものではない。
お前から指導者が現れ、
わたしの民イスラエルの牧者となるからである。』」
そこで、ヘロデは占星術の学者たちをひそかに呼び寄せ、
星の現れた時期を確かめた。
そして、「行って、その子のことを詳しく調べ、
見つかったら知らせてくれ。わたしも行って拝もう」
と言ってベツレヘムへ送り出した。
彼らが王の言葉を聞いて出かけると、
東方で見た星が先立って進み、
ついに幼子のいる場所の上に止まった。
学者たちはその星を見て喜びにあふれた。
家に入ってみると、幼子は母マリアと共におられた。
彼らはひれ伏して幼子を拝み、
宝の箱を開けて、
黄金、乳香《にゅうこう》、没薬《もつやく》を贈り物として献げた。
ところが、「ヘロデのところへ帰るな」
と夢でお告げがあったので、
別の道を通って自分たちの国へ帰って行った。

マタイによる福音書　2章 5〜12節

東方の博士の礼拝

visitors from the east

ピーテル・ブリューゲル
「三博士の礼拝」
1564　油彩
ロンドン、ナショナル・ギャラリー

BRVEGEL

ボックホスト「東方三博士の礼拝」
1652　油彩

東方の博士の礼拝

visitors from the east

バティスタ・マイノ「三賢者の来訪」
1611-13　油彩
マドリード、プラド美術館

ジオット「エジプトへの逃避」
1304-06　フレスコ
パドヴァ、スクロベーニ礼拝堂

占星術の学者たちが帰って行くと、主《しゅ》の天使が夢でヨセフに現れて言った。「起きて、子供とその母親を連れて、エジプトに逃げ、わたしが告げるまで、そこにとどまっていなさい。ヘロデが、この子を探し出して殺そうとしている。」ヨセフは起きて、夜のうちに幼子とその母を連れてエジプトへ去り、ヘロデが死ぬまでそこにいた。それは、「わたしは、エジプトからわたしの子を呼び出した」と、主が預言者《よげんしゃ》を通して言われていたことが実現するためであった。

マタイによる福音書　2章　13～15節

エジプトへの逃避

the escape to Egypt

フィアセラ「聖家族の避難」
1615　油彩

ルイーニ「博士たちとの論議」
1530　油彩
ロンドン、ナショナル・ギャラリー

神殿での少年イエス

the boy Jesus in the temple

　さて、両親は過越祭《すぎこしさい》には毎年エルサレムへ旅をした。イエスが十二歳になったときも、両親は祭りの慣習に従って都に上った。祭りの期間が終わって帰路についたとき、少年イエスはエルサレムに残っておられたが、両親はそれに気づかなかった。イエスが道連れの中にいるものと思い、一日分の道のりを行ってしまい、それから、親類や知人の間を捜し回ったが、見つからなかったので、捜しながらエルサレムに引き返した。

ルカによる福音書　2章　41～45節

パニーニ「博士たちとキリスト」
1743　油彩
ワルシャワ、国立美術館

三日の後、イエスが神殿の境内で学者たちの真ん中に座り、話を聞いたり質問したりしておられるのを見つけた。聞いている人は皆、イエスの賢い受け答えに驚いていた。両親はイエスを見て驚き、母が言った。「なぜこんなことをしてくれたのです。御覧なさい。お父さんもわたしも心配して捜していたのです。」すると、イエスは言われた。「どうしてわたしを捜したのですか。わたしが自分の父の家にいるのは当たり前だということを、知らなかったのですか。」しかし、両親にはイエスの言葉の意味が分からなかった。それから、イエスは一緒に下って行き、ナザレに帰り、両親に仕えてお暮らしになった。母はこれらのことをすべて心に納めていた。イエスは知恵が増し、背丈も伸び、神と人とに愛された。

ルカによる福音書　2 章　46〜52 節

神殿での少年イエス

the boy Jesus in the temple

リベラ「博士たちの間のキリスト」
1625　油彩
マドリード、プラド美術館

そのとき、
イエスが、ガリラヤからヨル
ダン川のヨハネのところへ来られた。
彼から洗礼《バプテスマ》を受けるためである。ところが、
ヨハネは、それを思いとどまらせようとして言っ
た。「わたしこそ、あなたから洗礼を受けるべき
なのに、あなたが、わたしのところへ来られたので
すか。」しかし、イエスはお答えになった。「今は、
止めないでほしい。正しいことをすべて行うのは、我々に
ふさわしいことです。」そこで、ヨハネはイエスの言われ
るとおりにした。

マタイによる福音書　3章　13〜15節

イエスの洗礼《バプテスマ》

the baptism of Jesus

フランチェスカ「キリストの洗礼」
1442-45　テンペラ
ロンドン、ナショナル・ギャラリー

ヴェロッキオ／ダ・ヴィンチ（部分）「キリストの洗礼」
1472-73　油彩（一部テンペラ）
フィレンツェ、ウフィツィ美術館

イエスは洗礼《〔バプテスマ〕》を受けると、すぐ水の中から上がられた。そのとき、天がイエスに向かって開いた。イエスは、神の霊が鳩《はと》のように御自分の上に降《くだ》って来るのを御覧になった。そのとき、「これはわたしの愛する子、わたしの心に適う者」と言う声が、天から聞こえた。

マタイによる福音書　3 章　16、17 節

イエスの洗礼《〔バプテスマ〕》

the baptism of Jesus

さて、イエスは悪魔から誘惑を受けるため、
“霊”に導かれて荒れ野に行かれた。
そして四十日間、昼も夜も断食した後、空腹を覚えられた。
すると、誘惑する者が来て、イエスに言った。
「神の子なら、これらの石がパンになるように命じたらどうだ。」
イエスはお答えになった。
「『人はパンだけで生きるものではない。
神の口から出る一つ一つの言葉で生きる』
と書いてある。」
次に、悪魔はイエスを聖なる都に連れて行き、
神殿の屋根の端に立たせて、言った。
「神の子なら、飛び降りたらどうだ。
『神があなたのために天使たちに命じると、
あなたの足が石に打ち当たることのないように、
天使たちは手であなたを支える』
と書いてある。」
イエスは、「『あなたの神である主《しゅ》を試してはならない』とも書いてある」
と言われた。

マタイによる福音書　4 章　1〜7 節

誘惑を受けるイエス

the temptations of Jesus

ドゥッチオ「山上の誘惑」
1310　テンペラ
ニューヨーク、個人蔵

更に、悪魔はイエスを非常に高い山に連れて行き、
世のすべての国々とその繁栄ぶりを見せて、
「もし、ひれ伏してわたしを拝むなら、これをみんな与えよう」と言った。
すると、イエスは言われた。「退け、サタン。
『あなたの神である主《しゅ》を拝み、
ただ主に仕えよ』
と書いてある。」そこで、悪魔は離れ去った。
すると、天使たちが来てイエスに仕えた。

マタイによる福音書　4章　8〜11節

ランブール兄弟「キリストの誘惑」
15世紀
フランス、コンデ美術館

リッチ「キリストの誘惑」
1720　油彩
プラハ、国立美術館

誘惑を受けるイエス

the temptations of Jesus

最初の弟子たちの召命

Jesus calls four fishermen

イエスは、ガリラヤ湖のほとりを歩いておられたとき、二人の兄弟、ペトロと呼ばれるシモンとその兄弟アンデレが、湖で網を打っているのを御覧になった。彼らは漁師だった。

イエスは、「わたしについて来なさい。人間をとる漁師にしよう」と言われた。

二人はすぐに網を捨てて従った。

そこから進んで、別の二人の兄弟、ゼベダイの子ヤコブとその兄弟ヨハネが、父親のゼベダイと一緒に、舟の中で網の手入れをしているのを御覧になると、彼らをお呼びになった。

この二人もすぐに、舟と父親とを残してイエスに従った。

マタイによる福音書　4章　18～22節

ドゥッチオ「ペトロとアンデレの召命」
1311　テンペラ
ワシントン、ナショナル・ギャラリー

三日目に、ガリラヤのカナで婚礼があって、イエスの母がそこにいた。イエスも、その弟子たちも婚礼に招かれた。ぶどう酒が足りなくなったので、母がイエスに、「ぶどう酒がなくなりました」と言った。イエスは母に言われた。「婦人よ、わたしとどんなかかわりがあるのです。わたしの時はまだ来ていません。」

カナの婚礼での奇跡

the wedding in Cana

ヴェロネーゼ
「カナの婚礼」
1562-63　油彩
パリ、ルーヴル美術館

しかし、母は召し使いたちに、「この人が何か言いつけたら、そのとおりにしてください」と言った。そこには、ユダヤ人が清めに用いる石の水がめが六つ置いてあった。いずれも二ないし三メトレテス入りのものである。

ヨハネによる福音書　2章 1〜6節

ダヴィッド（ヘラルト）「カナの婚礼」
1520　油彩
パリ、ルーヴル美術館

イエスが、「水がめに水をいっぱい入れなさい」と言われると、召し使いたちは、かめの縁まで水を満たした。イエスは、「さあ、それをくんで宴会の世話役のところへ持って行きなさい」と言われた。召し使いたちは運んで行った。世話役はぶどう酒に変わった水の味見をした。このぶどう酒がどこから来たのか、水をくんだ召し使いたちは知っていたが、世話役は知らなかったので、花婿を呼んで、言った。「だれでも初めに良いぶどう酒を出し、酔いがまわったころに劣ったものを出すものですが、あなたは良いぶどう酒を今まで取って置かれました。」イエスは、この最初のしるしをガリラヤのカナで行って、その栄光を現された。それで、弟子たちはイエスを信じた。

この後、イエスは母、兄弟、弟子たちとカファルナウムに下って行き、そこに幾日か滞在された。

ヨハネによる福音書　2章　7〜12節

ドゥッチオ「カナの婚礼」
1311　テンペラ
シエナ大聖堂美術館

カナの婚礼での奇跡

the wedding in Cana

サマリアの女とイエスの出会い

Jesus and the Samaritan woman

　さて、イエスがヨハネよりも多くの弟子をつくり、洗礼《バプテスマ》を授けておられるということが、ファリサイ派の人々の耳に入った。イエスはそれを知ると、——洗礼を授けていたのは、イエス御自身ではなく、弟子たちである——ユダヤを去り、再びガリラヤへ行かれた。しかし、サマリアを通らねばならなかった。それで、ヤコブがその子ヨセフに与えた土地の近くにある、シカルというサマリアの町に来られた。そこにはヤコブの井戸があった。イエスは旅に疲れて、そのまま井戸のそばに座っておられた。正午ごろのことである。

ヨハネによる福音書　4章 1〜6節

フィアセラ「サマリアの女とキリスト」
1625　油彩
ロシア、プーシキン美術館

サマリアの女が水をくみに来た。イエスは、「水を飲ませてください」と言われた。弟子たちは食べ物を買うために町に行っていた。すると、サマリアの女は、「ユダヤ人のあなたがサマリアの女のわたしに、どうして水を飲ませてほしいと頼むのですか」と言った。ユダヤ人はサマリア人とは交際しないからである。イエスは答えて言われた。「もしあなたが、神の賜物を知っており、また、『水を飲ませてください』と言ったのがだれであるか知っていたならば、あなたの方からその人に頼み、その人はあなたに生きた水を与えたことであろう。」女は言った。「主《しゅ》よ、あなたはくむ物をお持ちでないし、井戸は深いのです。どこからその生きた水を手にお入れになるのですか。あなたは、わたしたちの父ヤコブよりも偉いのですか。ヤコブがこの井戸をわたしたちに与え、彼自身も、その子供や家畜も、この井戸から水を飲んだのです。」イエスは答えて言われた。

サマリアの女とイエスの出会い

Jesus and the Samaritan woman

「この水を飲む者はだれでもまた渇く。しかし、わたしが与える水を飲む者は決して渇かない。わたしが与える水はその人の内で泉となり、永遠の命に至る水がわき出る。」女は言った。「主よ、渇くことがないように、また、ここにくみに来なくてもいいように、その水をください。」
イエスが、「行って、あなたの夫をここに呼んで来なさい」と言われると、女は答えて、「わたしには夫はいません」と言った。イエスは言われた。「『夫はいません』とは、まさにそのとおりだ。あなたには五人の夫がいたが、今連れ添っているのは夫ではない。あなたは、ありのままを言ったわけだ。」女は言った。「主よ、あなたは預言者《よげんしゃ》だとお見受けします。わたしどもの先祖はこの山で礼拝しましたが、あなたがたは、礼拝すべき場所はエルサレムにあると言っています。」イエスは言われた。「婦人よ、わたしを信じなさい。あなたがたが、この山でもエルサレムでもない所で、父を礼拝する時が来る。あなたがたは知らないものを礼拝しているが、わたしたちは知っているものを礼拝している。救いはユダヤ人から来るからだ。しかし、まことの礼拝をする者たちが、霊と真理をもって父を礼拝する時が来る。今がその時である。なぜなら、父はこのように礼拝する者を求めておられるからだ。神は霊である。だから、神を礼拝する者は、霊と真理をもって礼拝しなければならない。」

ヨハネによる福音書　4章　7~24節

サマリアの女とイエスの出会い

Jesus and
the Samaritan woman

女が言った。「わたしは、キリストと呼ばれるメシアが来られることは知っています。その方が来られるとき、わたしたちに一切のことを知らせてくださいます。」イエスは言われた。「それは、あなたと話をしているこのわたしである。」

ヨハネによる福音書　4章　25、26節

カラッチ「サマリアの女とキリスト」
1602-03　油彩
ウィーン、美術史美術館

ストロッヂ「サマリアの女とキリスト」
1615　油彩

カラヴァッジオ「マタイの召命」
1601　油彩
ローマ、サン・ルイージ・デイ・フランチェージ

マタイの召命

Jesus calls Matthew

イエスはそこをたち、通りがかりに、マタイという人が収税所に座っているのを見かけて、「わたしに従いなさい」と言われた。彼は立ち上がってイエスに従った。イエスがその家で食事をしておられたときのことである。徴税人や罪人も大勢やって来て、イエスや弟子たちと同席していた。ファリサイ派の人々はこれを見て、弟子たちに、「なぜ、あなたたちの先生は徴税人や罪人と一緒に食事をするのか」と言った。イエスはこれを聞いて言われた。「医者を必要とするのは、丈夫な人ではなく病人である。『わたしが求めるのは憐《あわ》れみであって、いけにえではない』とはどういう意味か、行って学びなさい。わたしが来たのは、正しい人を招くためではなく、罪人を招くためである。」

マタイによる福音書　9章　9～13節

ベトザタの池での奇跡

the healing at the pool

その後、ユダヤ人の祭りがあったので、イエスはエルサレムに上られた。エルサレムには羊の門の傍《かたわ》らに、ヘブライ語で「ベトザタ」と呼ばれる池があり、そこには五つの回廊があった。この回廊には、病気の人、目の見えない人、足の不自由な人、体の麻痺《まひ》した人などが、大勢横たわっていた。✣＜彼らは、水が動くのを待っていた。それは、主《しゅ》の使いがときどき池に降りて来て、水が動くことがあり、水が動いたとき、真っ先に水に入る者は、どんな病気にかかっていても、いやされたからである。＞ さて、そこに三十八年も病気で苦しんでいる人がいた。イエスは、その人が横たわっているのを見、また、もう長い間病気であるのを知って、「良くなりたいか」と言われた。病人は答えた。「主よ、水が動くとき、わたしを池の中に入れてくれる人がいないのです。わたしが行くうちに、ほかの人が先に降りて行くのです。」イエスは言われた。「起き上がりなさい。床を担いで歩きなさい。」すると、その人はすぐに良くなって、床を担いで歩きだした。その日は安息日《あんそくび》であった。

ヨハネによる福音書　5章　1〜9節

✣＜＞部分は、底本に節が欠けている個所の異本による訳文

ムリーリョ「病人をいやすキリスト」
1652　油彩
マドリード、プラド美術館

十二弟子を選ぶ

Jesus chooses the twelve apostles

そのころ、イエスは祈るために山に行き、神に祈って夜を明かされた。朝になると弟子たちを呼び集め、その中から十二人を選んで使徒《しと》と名付けられた。それは、イエスがペトロと名付けられたシモン、その兄弟アンデレ、そして、ヤコブ、ヨハネ、フィリポ、バルトロマイ、マタイ、トマス、アルファイの子ヤコブ、熱心党と呼ばれたシモン、ヤコブの子ユダ、それに後に裏切り者となったイスカリオテのユダである。

ルカによる福音書 6章 12〜16節

シニョレリ
「キリストと十二弟子」

山上の説教

the sermon on the mount

イエスは
この群衆を
見て、山に登ら
れた。腰を下ろさ
れると、弟子たちが
近くに寄って来た。そ
こで、イエスは口を開き、
教えられた。
「心の貧しい人々は、幸いである、
天の国はその人たちのものである。
悲しむ人々は、幸いである、
その人たちは慰められる。
柔和な人々は、幸いである、
その人たちは地を受け継ぐ。
義に飢え渇く人々は、幸いである、
その人たちは満たされる。
憐《あわ》れみ深い人々は、幸いである、
その人たちは憐れみを受ける。
心の清い人々は、幸いである、
その人たちは神を見る。
平和を実現する人々は、幸いである、
その人たちは神の子と呼ばれる。
義のために迫害される人々は、幸いである、
天の国はその人たちのものである。

わたしの
ためにののし
られ、迫害され、
身に覚えのないこと
であらゆる悪口を浴び
せられるとき、あなたがた
は幸いである。喜びなさい。
大いに喜びなさい。天には大き
な報いがある。あなたがたより前
の預言者《よげんしゃ》たちも、同じように迫害され
たのである。」
　「あなたがたは地の塩である。だが、塩に
塩気がなくなれば、その塩は何によって塩味が
付けられよう。もはや、何の役にも立たず、外に
投げ捨てられ、人々に踏みつけられるだけである。
あなたがたは世の光である。山の上にある町は、隠れる
ことができない。また、ともし火をともして升の下に置く
者はいない。燭台《しょくだい》の上に置く。そうすれば、家の中のものす
べてを照らすのである。そのように、あなたがたの光を人々の
前に輝かしなさい。人々が、あなたがたの立派な行いを見て、あな
たがたの天の父をあがめるようになるためである。」

マタイによる福音書　5章　1〜16節

嵐を静めるイエス

Jesus calms a storm

　その日の夕方になって、イエスは、
「向こう岸に渡ろう」と弟子たちに言われた。
そこで、弟子たちは群衆を後に残し、
イエスを舟に乗せたまま漕《こ》ぎ出した。
ほかの舟も一緒であった。
激しい突風が起こり、
舟は波をかぶって、
水浸しになるほどであった。
しかし、
イエスは艫《とも》の方で枕《まくら》をして眠っておられた。
弟子たちはイエスを起こして、
「先生、
わたしたちがおぼれてもかまわないのですか」
と言った。
イエスは起き上がって、
風を叱《しか》り、湖に、
「黙れ。静まれ」と言われた。
すると、風はやみ、すっかり凪《なぎ》になった。
イエスは言われた。
「なぜ怖がるのか。まだ信じないのか。」
弟子たちは非常に恐れて、
「いったい、この方はどなたなのだろう。
風や湖さえも従うではないか」と互いに言った。

マルコによる福音書　4章　35～41節

ドラクロワ「大暴風の中」
1841　油彩
カンザスシティー、
ネルソン・アトキンズ美術館

ルーベンス「嵐の中の奇跡」
1630　油彩

生き返った娘と息子

Jesus raises the official's daughter and the widow's son

ドレ「生き返った娘」
19世紀中頃　銅版画

イエスが町の門に近づかれると、ちょうど、ある母親の一人息子が死んで、棺が担ぎ出されるところだった。その母親はやもめであって、町の人が大勢そばに付き添っていた。主はこの母親を見て、憐れに思い、「もう泣かなくともよい」と言われた。そして、近づいて棺に手を触れられると、担いでいる人たちは立ち止まった。イエスは、「若者よ、あなたに言う。起きなさい」と言われた。すると、死人は起き上がってものを言い始めた。イエスは息子をその母親にお返しになった。

ルカによる福音書　7章　12〜15節

イエスは指導者の家に行き、笛を吹く者たちや騒いでいる群衆を御覧になって、言われた。「あちらへ行きなさい。少女は死んだのではない。眠っているのだ。」人々はイエスをあざ笑った。群衆を外に出すと、イエスは家の中に入り、少女の手をお取りになった。すると、少女は起き上がった。

マタイによる福音書　9章　23〜25節

ヴェロネーゼ「やもめの息子を生き返らせる」
1565-70　油彩　ウィーン、美術史美術館

グレコ「盲人のいやし」
1570-75　油彩
パナマ、国立絵画館

イエスがそこからお出かけになると、二人の盲人が叫んで、「ダビデの子よ、わたしたちを憐《あわ》れんでください」と言いながらついて来た。イエスが家に入ると、盲人たちがそばに寄って来たので、「わたしにできると信じるのか」と言われた。二人は、「はい、主《しゅ》よ」と言った。そこで、イエスが二人の目に触り、「あなたがたの信じているとおりになるように」と言われると、二人は目が見えるようになった。イエスは、「このことは、だれにも知らせてはいけない」と彼らに厳しくお命じになった。しかし、二人は外へ出ると、その地方一帯にイエスのことを言い広めた。

マタイによる福音書　9 章　27～31 節

盲人の癒し

Jesus heals two blind men

プッサン「盲人のいやし」
1665　油彩
パリ、ルーヴル美術館

洗礼者ヨハネの処刑

the death of John the baptist

ゴッツォリ「ヘロディアの娘の舞い」
1461-62　ワシントン、ナショナル・ギャラリー

そのころ、領主ヘロデはイエスの評判を聞き、
家来たちにこう言った。「あれは洗礼者ヨハネだ。
死者の中から生き返ったのだ。
だから、奇跡を行う力が彼に働いている。」
実はヘロデは、自分の兄弟フィリポの妻ヘロディアの
ことでヨハネを捕らえて縛り、牢《ろう》に入れていた。
ヨハネが、
「あの女と結婚することは律法《りっぽう》で許されていない」
とヘロデに言ったからである。

マタイによる福音書　14 章　1〜4 節

モロー「出現」（部分）
1874-76　水彩
パリ、ルーヴル美術館

洗礼者ヨハネの処刑

the death of John the baptist

フラ・フィリッポ・リッピ
「ヘロデの宴」
1452-64　フレスコ
プラート、プラート大聖堂

ヘロデはヨハネを殺そうと思っていたが、民衆を恐れた。人々がヨハネを預言者《よげんしゃ》と思っていたからである。ところが、ヘロデの誕生日にヘロディアの娘が、皆の前で踊りをおどり、ヘロデを喜ばせた。それで彼は娘に、「願うものは何でもやろう」と誓って約束した。すると、娘は母親に唆《そそのか》されて、「洗礼者ヨハネの首を盆に載せて、この場でください」と言った。王は心を痛めたが、誓ったことではあるし、また客の手前、それを与えるように命じ、人を遣わして、牢《ろう》の中でヨハネの首をはねさせた。その首は盆に載せて運ばれ、少女に渡り、少女はそれを母親に持って行った。それから、ヨハネの弟子たちが来て、遺体を引き取って葬り、イエスのところに行って報告した。

マタイによる福音書　14 章　5〜12 節

スタンチオーネ「ヨハネの処刑」
1634　油彩
マドリード、プラド美術館

洗礼者ヨハネの処刑

the death of John the baptist

カラヴァッジオ
「盆にのったヨハネの首」
油彩　ロンドン、ナショナル・ギャラリー

さて、使徒《しと》たちはイエスのところに集まって来て、自分たちが行ったことや教えたことを残らず報告した。イエスは、「さあ、あなたがただけで人里離れた所へ行って、しばらく休むがよい」と言われた。出入りする人が多くて、食事をする暇もなかったからである。そこで、一同は舟に乗って、自分たちだけで人里離れた所へ行った。

マルコによる福音書　6 章 30〜32 節

ティントレット「5つのパンと2匹の魚の奇跡」
1564　油彩
ニューヨーク、メトロポリタン美術館

五千人の給食の奇跡

Jesus feeds five thousand

ところが、多くの人々は彼らが出かけて行くのを見て、それと気づき、すべての町からそこへ一斉に駆けつけ、彼らより先に着いた。イエスは舟から上がり、大勢の群衆を見て、飼い主のいない羊のような有様を深く憐《あわ》れみ、いろいろと教え始められた。そのうち、時もだいぶたったので、弟子たちがイエスのそばに来て言った。「ここは人里離れた所で、時間もだいぶたちました。人々を解散させてください。そうすれば、自分で周りの里や村へ、何か食べる物を買いに行くでしょう。」これに対してイエスは、「あなたがたが彼らに食べ物を与えなさい」とお答えになった。弟子たちは、「わたしたちが二百デナリオンものパンを買って来て、みんなに食べさせるのですか」と言った。イエスは言われた。「パンは幾つあるのか。見て来なさい。」弟子たちは確かめて来て、言った。「五つあります。それに魚が二匹です。」

五千人の給食の奇跡

Jesus feeds five thousand

そこで、イエスは弟子たちに、皆を組に分けて、青草の上に座らせるようにお命じになった。人々は、百人、五十人ずつまとまって腰を下ろした。イエスは五つのパンと二匹の魚を取り、天を仰いで賛美の祈りを唱え、パンを裂いて、弟子たちに渡しては配らせ、二匹の魚も皆に分配された。すべての人が食べて満腹した。そして、パンの屑《くず》と魚の残りを集めると、十二の籠《かご》にいっぱいになった。パンを食べた人は男が五千人であった。

マルコによる福音書　6章 33〜44節

それからすぐ、イエスは弟子たちを強いて舟に乗せ、向こう岸のベトサイダへ先に行かせ、その間に御自分は群衆を解散させられた。群衆と別れてから、祈るために山へ行かれた。夕方になると、舟は湖の真ん中に出ていたが、イエスだけは陸地におられた。ところが、逆風のために弟子たちが漕《こ》ぎ悩んでいるのを見て、夜が明けるころ、湖の上を歩いて弟子たちのところに行き、そばを通り過ぎようとされた。弟子たちは、イエスが湖上を歩いておられるのを見て、

ティントレット
「ガリラヤ湖のキリスト」
1592　ワシントン、ナショナル・ギャラリー

湖の上を歩くイエス

Jesus walks on the water

ドレ「イエス、水上を歩く」
19世紀中頃　銅版画

幽霊だと思い、大声で叫んだ。皆はイエスを見ておびえたのである。しかし、イエスはすぐ彼らと話し始めて、「安心しなさい。わたしだ。恐れることはない」と言われた。イエスが舟に乗り込まれると、風は静まり、弟子たちは心の中で非常に驚いた。パンの出来事を理解せず、心が鈍くなっていたからである。

マルコによる福音書　6章　45～52節

罪深い女の信仰

Jesus at the home of Simon the Pharisee

さて、あるファリサイ派の人が、一緒に食事をしてほしいと願ったので、イエスはその家に入って食事の席に着かれた。この町に一人の罪深い女がいた。イエスがファリサイ派の人の家に入って食事の席に着いておられるのを知り、香油の入った石膏《せっこう》の壺《つぼ》を持って来て、後ろからイエスの足もとに近寄り、泣きながらその足を涙でぬらし始め、自分の髪の毛でぬぐい、イエスの足に接吻《せっぷん》して香油を塗った。

だから、言っておく。この人が多くの罪を赦されたことは、わたしに示した愛の大きさで分かる。赦されることの少ない者は、愛することも少ない。」そして、イエスは女に、「あなたの罪は赦された」と言われた。同席の人たちは、「罪まで赦すこの人は、いったい何者だろう」と考え始めた。イエスは女に、「あなたの信仰があなたを救った。安心して行きなさい」と言われた。

ルカによる福音書　7 章　36〜38、47〜50 節

サブレイラス「シモン家の晩餐」
1737　油彩
パリ、ルーヴル美術館

ペトロの信仰告白

Peter's declaration about Jesus

イエスは、フィリポ・カイサリア地方に行ったとき、弟子たちに、「人々は、人の子のことを何者だと言っているか」とお尋ねになった。弟子たちは言った。「『洗礼者ヨハネだ』と言う人も、『エリヤだ』と言う人もい

ペルジーノ「ペトロへの鍵の授与」
1481-82　フレスコ
ヴァチカン、システィーナ礼拝堂

ます。ほかに、『エレミヤだ』とか、『預言者《よげんしゃ》の一人だ』と言う人もいます。」イエスが言われた。「それでは、あなたがたはわたしを何者だと言うのか。」シモン・ペトロが、「あなたはメシア、生ける神の子です」と答えた。

マタイによる福音書　16 章　13〜16 節

ペトロの信仰告白

Peter's declaration about Jesus

グレコ「ペトロの肖像」
1605-10　油彩
ニューヨーク、個人蔵

　すると、イエスはお答えになった。
「シモン・バルヨナ、あなたは幸いだ。
あなたにこのことを現したのは、人間ではなく、
わたしの天の父なのだ。
わたしも言っておく。
あなたはペトロ。
わたしはこの岩の上にわたしの教会を建てる。
陰府《よみ》の力もこれに対抗できない。
わたしはあなたに天の国の鍵《かぎ》を授ける。
あなたが地上でつなぐことは、天上でもつながれる。
あなたが地上で解くことは、天上でも解かれる。」
それから、イエスは、御自分がメシアであることをだれにも話さないように、
と弟子たちに命じられた。

マタイによる福音書　16 章　17〜20 節

ルーベンス「鍵を授かるペトロ」
1614　油彩
マドリード、プラド美術館

イエスの変貌

the transfiguration

　この話をしてから八日ほどたったとき、
イエスは、ペトロ、ヨハネ、およびヤコブを連れて、
祈るために山に登られた。
祈っておられるうちに、イエスの顔の様子が変わり、
服は真っ白に輝いた。
見ると、二人の人がイエスと語り合っていた。
モーセとエリヤである。
二人は栄光に包まれて現れ、
イエスがエルサレムで遂げようとしておられる
最期について話していた。
ペトロと仲間は、ひどく眠かったが、
じっとこらえていると、
栄光に輝くイエスと、
そばに立っている二人の人が見えた。
その二人がイエスから離れようとしたとき、
ペトロがイエスに言った。
「先生、わたしたちがここにいるのは、
すばらしいことです。
仮小屋を三つ建てましょう。
一つはあなたのため、一つはモーセのため、
もう一つはエリヤのためです。」
ペトロは、自分でも何を言っているのか、
分からなかったのである。
ペトロがこう言っていると、
雲が現れて彼らを覆った。
彼らが雲の中に包まれていくので、弟子たちは恐れた。
すると、「これはわたしの子、選ばれた者。これに聞け」
と言う声が雲の中から聞こえた。
その声がしたとき、そこにはイエスだけがおられた。
弟子たちは沈黙を守り、
見たことを当時だれにも話さなかった。

ルカによる福音書　9章　28〜36節

ラファエロ
「キリストの変容」
1517-20
油彩 ヴァチカン美術館

一行がカファルナウムに来たとき、神殿税を集める者たちがペトロのところに来て、「あなたたちの先生は神殿税を納めないのか」と言った。ペトロは、「納めます」と言った。そして家に入ると、イエスの方から言いだされた。「シモン、あなたはどう思うか。地上の王は、税や貢ぎ物をだれから取り立てるのか。
自分の子供たちからか、それともほかの人々からか。」ペトロが「ほかの人々からです」と答えると、イエスは言われた。「では、子供たちは納めなくてよいわけだ。しかし、彼らをつまずかせないようにしよう。湖に行って釣りをしなさい。最初に釣れた魚を取って口を開けると、銀貨が一枚見つかるはずだ。それを取って、わたしとあなたの分として納めなさい。」

マタイによる福音書　17 章 24～27 節

マサッチオ「貢の銭」
1427　フレスコ
フィレンツェ、
ブランカッチ礼拝堂

神殿税を納める

payment of the temple tax

イエスはオリーブ山へ行かれた。 朝早く、 再び神殿の境内に入られると、民衆が皆、御自分のところにやって来たので、座って教え始められた。そこへ、律法《りっぽう》学者たちやファリサイ派の人々が、姦通《かんつう》の現場で捕らえられた女を連れて来て、真ん中に立たせ、イエスに言った。「先生、この女は姦通をしているときに捕まりました。こういう女は石で打ち殺せと、モーセは律法の中で命じています。ところで、あなたはどうお考えになりますか。」イエスを試して、訴える口実を得るために、こう言ったのである。イエスはかがみ込み、指で地面に何か書き始められた。しかし、彼らがしつこく問い続けるので、イエスは身を起こして言われた。「あなたたちの中で罪を犯したことのない者が、まず、この女に石を投げなさい。」そしてまた、身をかがめて地面に書き続けられた。これを聞いた者は、年長者から始まって、一人また一人と、 立ち去ってしまい、 イエスひとりと、 真ん中にいた女が残った。イエスは、身を起こして言われた。「婦人よ、あの人たちはどこにいるのか。だれもあなたを罪に定めなかったのか。」女が、「主《しゅ》よ、だれも」と言うと、イエスは言われた。「わたしもあなたを罪に定めない。行きなさい。これからは、もう罪を犯してはならない。」

ヨハネによる福音書 8章 1~11節

ロット「姦淫の女とイエス」
1530-35 油彩
パリ、ルーヴル美術館

罪赦された女

the woman caught in adultery

プッサン「姦淫の女とイエス」
1653　油彩
パリ、ルーヴル美術館

ピーテル・ブリューゲル「盲人の譬え話」
1568　油彩
ナポリ、カーポディモンテ美術館

おが屑と丸太の譬え

the speck and the log

イエスはまた、たとえを話された。「盲人が盲人の道案内をすることができようか。二人とも穴に落ち込みはしないか。弟子は師にまさるものではない。しかし、だれでも、十分に修行を積めば、その師のようになれる。あなたは、兄弟の目にあるおが屑《くず》は見えるのに、なぜ自分の目の中の丸太に気づかないのか。自分の目にある丸太を見ないで、兄弟に向かって、『さあ、あなたの目にあるおが屑を取らせてください』と、どうして言えるだろうか。偽善者よ、まず自分の目から丸太を取り除け。そうすれば、はっきり見えるようになって、兄弟の目にあるおが屑を取り除くことができる。」

ルカによる福音書　6 章　39〜42 節

イエスはまた言われた。「はっきり言っておく。わたしは羊の門である。わたしより前に来た者は皆、盗人であり、強盗である。しかし、羊は彼らの言うことを聞かなかった。わたしは門である。わたしを通って入る者は救われる。その人は、門を出入りして牧草を見つける。盗人が来るのは、盗んだり、屠《ほふ》ったり、滅ぼしたりするためにほかならない。わたしが来たのは、羊が命を受けるため、しかも豊かに受けるためである。わたしは良い羊飼いである。良い羊飼いは羊のために命を捨てる。羊飼いでなく、自分の羊を持たない雇い人は、狼《おおかみ》が来るのを見ると、羊を置き去りにして逃げる。——狼は羊を奪い、また追い散らす。——彼は雇い人で、羊のことを心にかけていないからである。

良き羊飼いの譬え

Jesus the good shepherd

作者不詳「良き羊飼いたるキリスト」
440頃　モザイク
ラヴェンナ、ガッラ・プラチディア聖堂

ランブール兄弟
「羊飼いへのお告げ」
15世紀
フランス、コンデ美術館

わたしは良い羊飼いである。わたしは自分の羊を知っており、羊もわたしを知っている。それは、父がわたしを知っておられ、わたしが父を知っているのと同じである。わたしは羊のために命を捨てる。わたしには、この囲いに入っていないほかの羊もいる。その羊をも導かなければならない。その羊もわたしの声を聞き分ける。こうして、羊は一人の羊飼いに導かれ、一つの群れになる。わたしは命を、再び受けるために、捨てる。それゆえ、父はわたしを愛してくださる。だれもわたしから命を奪い取ることはできない。わたしは自分でそれを捨てる。わたしは命を捨てることもでき、それを再び受けることもできる。これは、わたしが父から受けた掟《おきて》である。」

ヨハネによる福音書　10 章　7〜18 節

するると、ある律法《りっぽう》の専門家が立ち上がり、イエスを試そうとして言った。
「先生、何をしたら、永遠の命を受け継ぐことができるでしょうか。」
イエスが、「律法には何と書いてあるか。あなたはそれをどう読んでいるか」
と言われると、彼は答えた。「『心を尽くし、精神を尽くし、力を尽くし、
思いを尽くして、あなたの神である主を愛しなさい、また、隣人を自分の
ように愛しなさい』とあります。」イエスは言われた。「正しい答えだ。
それを実行しなさい。そうすれば命が得られる。」しかし、彼は自分を
正当化しようとして、「では、わたしの隣人とはだれですか」と言った。
イエスはお答えになった。「ある人がエルサレムからエリコへ下って行く途中、
追いはぎに襲われた。追いはぎはその人の服をはぎ取り、殴りつけ、
半殺しにしたまま立ち去った。ある祭司がたまたまその道を下って来たが、
その人を見ると、道の向こう側を通って行った。
同じように、レビ人もその場所にやって来たが、その人を見ると、
道の向こう側を通って行った。
ところが、旅をしていたあるサマリア人は、そばに来ると、
その人を見て憐《あわ》れに思い、近寄って傷に油とぶどう酒を注ぎ、
包帯をして、自分のろばに乗せ、宿屋に連れて行って介抱した。
そして、翌日になると、デナリオン銀貨二枚を取り出し、
宿屋の主人に渡して言った。『この人を介抱してください。
費用がもっとかかったら、帰りがけに払います。』
さて、あなたはこの三人の中で、だれが
追いはぎに襲われた人の隣人になったと思うか。」

ルカによる福音書　10章 25〜36節

善《よ》きサマリア人の譬え

the parable of the good Samaritan

ゴッホ「善きサマリヤ人」
1890　油彩
オッテルロー、
クレラー＝ミューラー美術館

レンブラント「放蕩息子の帰還」
1668-69　油彩　サンクト・ペテルブルク、エルミタージュ美術館

また、イエスは言われた。「ある人に息子が二人いた。弟の方が父親に、『お父さん、わたしが頂くことになっている財産の分け前をください』と言った。それで、父親は財産を二人に分けてやった。何日もたたないうちに、下の息子は全部を金に換えて、遠い国に旅立ち、そこで放蕩《ほうとう》の限りを尽くして、財産を無駄遣いしてしまった。何もかも使い果たしたとき、その地方にひどい飢饉《ききん》が起こって、彼は食べるにも困り始めた。それで、その地方に住むある人のところに身を寄せたところ、その人は彼を畑にやって豚の世話をさせた。彼は豚の食べるいなご豆を食べてでも腹を満たしたかったが、食べ物をくれる人はだれもいなかった。そこで、彼は我に返って言った。『父のところでは、あんなに大勢の雇い人に、有り余るほどパンがあるのに、わたしはここで飢え死にしそうだ。ここをたち、父のところに行って言おう。「お父さん、わたしは天に対しても、またお父さんに対しても罪を犯しました。もう息子と呼ばれる資格はありません。雇い人の一人にしてください」と。』」

ルカによる福音書 15 章 11〜19 節

放蕩息子の譬え

the lost son

放蕩息子の譬え

the lost son

グェルチーノ「放蕩息子の帰還」
1619　油彩
ウィーン、美術史美術館

ムリーリョ「放蕩息子の回心」
1671-74　油彩
ワシントン、ナショナル・ギャラリー

「そして、彼はそこをたち、父親のもとに行った。ところが、まだ遠く離れていたのに、父親は息子を見つけて、憐《あわ》れに思い、走り寄って首を抱き、接吻《せっぷん》した。息子は言った。『お父さん、わたしは天に対しても、またお父さんに対しても罪を犯しました。もう息子と呼ばれる資格はありません。』しかし、父親は僕《しもべ》たちに言った。『急いでいちばん良い服を持って来て、この子に着せ、手に指輪をはめてやり、足に履物を履かせなさい。それから、肥えた子牛を連れて来て屠《ほふ》りなさい。食べて祝おう。この息子は、死んでいたのに生き返り、いなくなっていたのに見つかったからだ。』そして、祝宴を始めた。」

ルカによる福音書　15 章 20〜24 節

ブレイク「貞淑な乙女たち」
1822　水彩
ロンドン、テート・ギャラリー

十人のおとめの譬え

the parable of the ten young women

　そこで、天の国は次のようにたとえられる。十人のおとめがそれぞれともし火を持って、花婿を迎えに出て行く。そのうちの五人は愚かで、五人は賢かった。愚かなおとめたちは、ともし火は持っていたが、油の用意をしていなかった。賢いおとめたちは、それぞれのともし火と一緒に、壺《つぼ》に油を入れて持っていた。ところが、花婿の来るのが遅れたので、皆眠気がさして眠り込んでしまった。真夜中に「花婿だ。迎えに出なさい」と叫ぶ声がした。そこで、おとめたちは皆起きて、それぞれのともし火を整えた。愚かなおとめたちは、賢いおとめたちに言った。「油を分けてください。わたしたちのともし火は消えそうです。」賢いおとめたちは答えた。「分けてあげるほどはありません。それより、店に行って、自分の分を買って来なさい。」愚かなおとめたちが買いに行っている間に、花婿が到着して、用意のできている五人は、花婿と一緒に婚宴の席に入り、戸が閉められた。その後で、ほかのおとめたちも来て、「御主人様、御主人様、開けてください」と言った。しかし主人は、「はっきり言っておく。わたしはお前たちを知らない」と答えた。だから、目を覚ましていなさい。あなたがたは、その日、その時を知らないのだから。

マタイによる福音書　25 章　1~13 節

マルタとマリア

Jesus visits Martha and Mary

一行が歩いて行くうち、イエスはある村にお入りになった。すると、マルタという女が、イエスを家に迎え入れた。

彼女にはマリアという姉妹がいた。マリアは主《しゅ》の足もとに座って、その話に聞き入っていた。マルタは、いろいろのもてなしのためせわしく立ち働いていたが、そばに近寄って言った。「主よ、わたしの姉妹はわたしだけにもてなしをさせていますが、何ともお思いになりませんか。手伝ってくれるようにおっしゃってください。」

主はお答えになった。「マルタ、マルタ、あなたは多くのことに思い悩み、心を乱している。しかし、必要なことはただ一つだけである。マリアは良い方を選んだ。それを取り上げてはならない。」

ルカによる福音書　10 章　38〜42 節

フェルメール
「マルタとマリアの家のキリスト」
1655　油彩
エジンバラ、スコットランド国立美術館

レンブラント「病人たちを癒すキリスト」（100グルデン版画）
1648　銅版画
ロンドン、大英博物館

イエスに近づく様々な人々

the people who come near to Jesus

イエスはこれらの言葉を語り終えると、ガリラヤを去り、ヨルダン川の向こう側のユダヤ地方に行かれた。大勢の群衆が従った。イエスはそこで人々の病気をいやされた。

ファリサイ派の人々が近寄り、イエスを試そうとして、「何か理由があれば、夫が妻を離縁することは、律法《りっぽう》に適っているでしょうか」と言った。イエスはお答えになった。「あなたたちは読んだことがないのか。創造主は初めから人を男と女とにお造りになった。」そして、こうも言われた。「それゆえ、人は父母を離れてその妻と結ばれ、二人は一体となる。だから、二人はもはや別々ではなく、一体である。従って、神が結び合わせてくださったものを、人は離してはならない。」

そのとき、イエスに手を置いて祈っていただくために、人々が子供たちを連れて来た。弟子たちはこの人々を叱《しか》った。しかし、イエスは言われた。「子供たちを来させなさい。わたしのところに来るのを妨げてはならない。天の国はこのような者たちのものである。」そして、子供たちに手を置いてから、そこを立ち去られた。

さて、一人の男がイエスに近寄って来て言った。「先生、永遠の命を得るには、どんな善いことをすればよいのでしょうか。」イエスは言われた。「なぜ、善いことについて、わたしに尋ねるのか。善い方はおひとりである。もし命を得たいのなら、掟《おきて》を守りなさい。」男が「どの掟ですか」と尋ねると、イエスは言われた。「『殺すな、姦淫《かんいん》するな、盗むな、偽証するな、父母を敬え、また、隣人を自分のように愛しなさい。』」そこで、この青年は言った。「そういうことはみな守ってきました。まだ何か欠けているでしょうか。」イエスは言われた。「もし完全になりたいのなら、行って持ち物を売り払い、貧しい人々に施しなさい。そうすれば、天に富を積むことになる。それから、わたしに従いなさい。」青年はこの言葉を聞き、悲しみながら立ち去った。たくさんの財産を持っていたからである。

イエスは弟子たちに言われた。「はっきり言っておく。金持ちが天の国に入るのは難しい。重ねて言うが、金持ちが神の国に入るよりも、らくだが針の穴を通る方がまだ易しい。」

マタイによる福音書　19 章 1～6、13～24 節

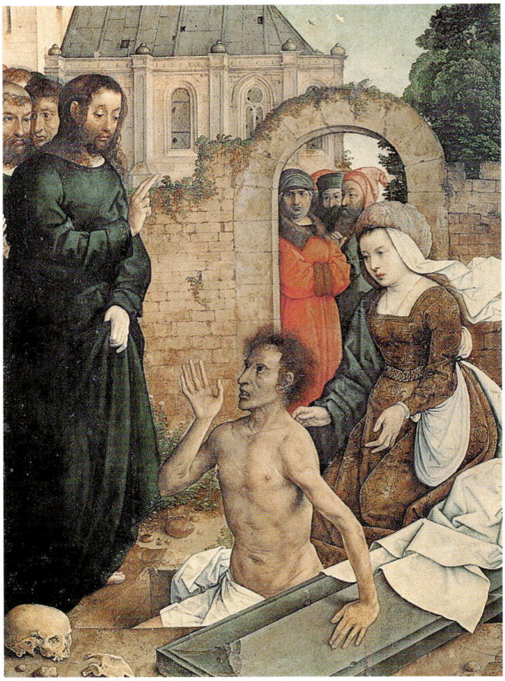

フランデス「ラザロのよみがえり」
1518　マドリード、プラド美術館

ラザロの死と復活

the death of Lazarus

　ある病人がいた。マリアとその姉妹マルタの村、
ベタニアの出身で、ラザロといった。このマリアは主《しゅ》に香油を塗り、
髪の毛で主の足をぬぐった女である。
その兄弟ラザロが病気であった。
姉妹たちはイエスのもとに人をやって、
「主よ、あなたの愛しておられる者が病気なのです」と言わせた。
イエスは、それを聞いて言われた。
「この病気は死で終わるものではない。神の栄光のためである。
神の子がそれによって栄光を受けるのである。」
イエスは、マルタとその姉妹とラザロを愛しておられた。

ヨハネによる福音書　11章 1〜5節

シント・ヤンス「ラザロのよみがえり」
1483　油彩　パリ、ルーヴル美術館

ラザロの死と復活

the death of Lazarus

　さて、イエスが行って御覧になると、ラザロは墓に葬られて既に四日もたっていた。ベタニアはエルサレムに近く、十五スタディオンほどのところにあった。マルタとマリアのところには、多くのユダヤ人が、兄弟ラザロのことで慰めに来ていた。マルタは、イエスが来られたと聞いて、迎えに行ったが、マリアは家の中に座っていた。マルタはイエスに言った。「主《しゅ》よ、もしここにいてくださいましたら、わたしの兄弟は死ななかったでしょうに。しかし、あなたが神にお願いになることは何でも神はかなえてくださると、わたしは今でも承知しています。」

イエスが、「あなたの兄弟は復活する」と言われると、マルタは、「終わりの日の復活の時に復活することは存じております」と言った。イエスは言われた。「わたしは復活であり、命である。わたしを信じる者は、死んでも生きる。生きていてわたしを信じる者はだれも、決して死ぬことはない。このことを信じるか。」マルタは言った。「はい、主よ、あなたが世に来られるはずの神の子、メシアであるとわたしは信じております。」

マルタは、こう言ってから、家に帰って姉妹のマリアを呼び、「先生がいらして、あなたをお呼びです」と耳打ちした。マリアはこれを聞くと、すぐに立ち上がり、イエスのもとに行った。イエスはまだ村には入らず、マルタが出迎えた場所におられた。家の中でマリアと一緒にいて、慰めていたユダヤ人たちは、彼女が急に立ち上がって出て行くのを見て、墓に泣きに行くのだろうと思い、後を追った。マリアはイエスのおられる所に来て、イエスを見るなり足もとにひれ伏し、「主よ、もしここにいてくださいましたら、わたしの兄弟は死ななかったでしょうに」と言った。イエスは、彼女が泣き、一緒に来たユダヤ人たちも泣いているのを見て、心に憤りを覚え、興奮して、言われた。「どこに葬ったのか。」彼らは、「主よ、来て、御覧ください」と言った。イエスは涙を流された。ユダヤ人たちは、「御覧なさい、どんなにラザロを愛しておられたことか」と言った。しかし、中には、「盲人の目を開けたこの人も、ラザロが死なないようにはできなかったのか」と言う者もいた。

ヨハネによる福音書　11 章 17〜37 節

ラザロの死と復活

Lazarus is brought to life

イエスは、再び心に憤りを覚えて、墓に来られた。墓は洞穴で、石でふさがれていた。イエスが、「その石を取りのけなさい」と言われると、死んだラザロの姉妹マルタが、「主よ、四日もたっていますから、もうにおいます」と言った。イエスは、「もし信じるなら、神の栄光が見られると、言っておいたではないか」と言われた。人々が石を取りのけると、イエスは天を仰いで言われた。「父よ、わたしの願いを聞き入れてくださって感謝します。わたしの願いをいつも聞いてくださることを、わたしは知っています。しかし、わたしがこう言うのは、周りにいる群衆のためです。あなたがわたしをお遣わしになったことを、彼らに信じさせるためです。」

ジオット「ラザロのよみがえり」
1303-05　フレスコ
パドヴァ、スクロベーニ礼拝堂

こう言ってから、「ラザロ、出て来なさい」と大声で叫ばれた。すると、死んでいた人が、手と足を布で巻かれたまま出て来た。顔は覆いで包まれていた 。イエスは人々に、「ほどいてやって、行かせなさい」と言われた。

ヨハネによる福音書　11 章　38～44 節

レンブラント
「ラザロのよみがえり」
1631　油彩
ロサンジェルス、
カウンティー美術館

<キリストの受難と復活>

エルサレム入城

the triumphant entry into Jerusalem

一行がエルサレムに近づいて、
オリーブ山沿いのベトファゲに来たとき、
イエスは二人の弟子を使いに出そうとして、
言われた。
「向こうの村へ行きなさい。
するとすぐ、ろばがつないであり、
一緒に子ろばのいるのが見つかる。
それをほどいて、わたしのところに引いて来なさい。
もし、だれかが何か言ったら、
『主《しゅ》がお入り用なのです』と言いなさい。
すぐ渡してくれる。」
それは、預言者《よげんしゃ》を通して言われていたことが
実現するためであった。
「シオンの娘に告げよ。
『見よ、お前の王がお前のところにおいでになる、
柔和な方で、ろばに乗り、
荷を負うろばの子、子ろばに乗って。』」

マタイによる福音書　21章　1～5節

ドゥッチオ「キリストのエルサレム入城」
1311　テンペラ　シエナ大聖堂美術館

ティトー「キリストのエルサレム入城」
1598　油彩
ヴァチカン美術館

エルサレム入城

the triumphant entry into Jerusalem

弟子たちは行って、イエスが命じられたとおりにし、ろばと子ろばを引いて来て、その上に服をかけると、イエスはそれにお乗りになった。大勢の群衆が自分の服を道に敷き、また、ほかの人々は木の枝を切って道に敷いた。そして群衆は、イエスの前を行く者も後に従う者も叫んだ。

「ダビデの子にホサナ。
主の名によって来られる方に、祝福があるように。
いと高きところにホサナ。」
イエスがエルサレムに入られると、都中の者が、「いったい、これはどういう人だ」と言って騒いだ。
そこで群衆は、「この方は、ガリラヤのナザレから出た預言者《よげんしゃ》イエスだ」と言った。

マタイによる福音書 21章 6～11節

ロレンツェッティ「キリストのエルサレム入城」
14世紀　フレスコ
アッシジ、サン・フランチェスコ修道院

それから、一行はエルサレムに来た。イエスは神殿の境内に入り、
そこで売り買いしていた人々を追い出し始め、両替人の台や
鳩《はと》を売る者の腰掛けをひっくり返された。また、境内を
通って物を運ぶこともお許しにならなかった。
そして、人々に教えて言われた。
「こう書いてあるではないか。
『わたしの家は、すべての国の人の
祈りの家と呼ばれるべきである。』
ところが、あなたたちは
それを強盗の巣にしてしまった。」
祭司長たちや律法《りっぽう》学者たちはこれを聞いて、イエスをどのようにして殺そうかと謀った。群衆が皆その教えに打たれていたので、彼らはイエスを恐れたからである。夕方になると、イエスは弟子たちと都の外に出て行かれた。

ブロック「神殿を潔める」
1880　油彩

マルコによる福音書　11 章　15〜19 節

神殿の潔め

Jesus goes to the temple

グレコ「神殿から商人を追うキリスト」
1610-14　油彩
マドリード、ジュネー教会

さて、過越祭《すぎこしさい》の前のことである。イエスは、この世から父のもとへ移る御自分の時が来たことを悟り、世にいる弟子たちを愛して、この上なく愛し抜かれた。夕食のときであった。既に悪魔は、イスカリオテのシモンの子ユダに、イエスを裏切る考えを抱かせていた。イエスは、父がすべてを御自分の手にゆだねられたこと、また、御自分が神のもとから来て、神のもとに帰ろうとしていることを悟り、食事の席から立ち上がって上着を脱ぎ、手ぬぐいを取って腰にまとわれた。それから、たらいに水をくんで弟子たちの足を洗い、腰にまとった手ぬぐいでふき始められた。

ヨハネによる福音書　13 章　1～5 節

ティントレット「弟子の足を洗うキリスト」
1547　油彩
マドリード、プラド美術館

弟子の足を洗うイエス

Jesus washes his disciples' feet

バブレン「弟子の足を洗うキリスト」
1616　油彩
ベルリン、国立美術館

　シモン・ペトロのところに来ると、ペトロは、
「主《しゅ》よ、あなたがわたしの足を洗ってくださるのですか」と言った。
イエスは答えて、「わたしのしていることは、今あなたには分かるまいが、
後で、分かるようになる」と言われた。
ペトロが、「わたしの足など、決して洗わないでください」と言うと、
イエスは、「もしわたしがあなたを洗わないなら、
あなたはわたしと何のかかわりもないことになる」と答えられた。
そこでシモン・ペトロが言った。「主よ、足だけでなく、手も頭も。」
イエスは言われた。
「既に体を洗った者は、全身清いのだから、足だけ洗えばよい。
あなたがたは清いのだが、皆が清いわけではない。」
イエスは、御自分を裏切ろうとしている者がだれであるかを知っておられた。
それで、「皆が清いわけではない」と言われたのである。

ヨハネによる福音書　13 章　6~11 節

弟子の足を洗うイエス

Jesus washes his disciples' feet

ブラウン
「弟子の足を洗うキリスト」
1851-56　油彩
ロンドン、テート・ギャラリー

ユダの裏切り

Judas agrees to betray Jesus

そのとき、
十二人の一人で、
イスカリオテのユダという者が、
祭司長たちのところへ行き、
「あの男をあなたたちに引き渡せば、幾らくれますか」
と言った。
そこで、
彼らは銀貨三十枚を支払うことにした。
そのときから、
ユダはイエスを引き渡そうと、
良い機会をねらっていた。

マタイによる福音書　26 章　14〜16 節

ジオット「ユダの裏切り」
1302-05　フレスコ
パドヴァ、スクロベーニ礼拝堂

マシプ「わたしを売る者」
1570　油彩
マドリード、プラド美術館

最後の晩餐

the last supper

イエスはこう話し終えると、心を騒がせ、断言された。「はっきり言っておく。あなたがたのうちの一人がわたしを裏切ろうとしている。」弟子たちは、だれについて言っておられるのか察しかねて、顔を見合わせた。イエスのすぐ隣には、弟子たちの一人で、イエスの愛しておられた者が食事の席に着いていた。シモン・ペトロはこの弟子に、だれについて言っておられるのかと尋ねるように合図した。その弟子が、イエスの胸もとに寄りかかったまま、「主《しゅ》よ、それはだれのことですか」と言うと、イエスは、「わたしがパン切れを浸して与えるのがその人だ」と答えられた。それから、パン切れを浸して取り、イスカリオテのシモンの子ユダにお与えになった。

ヨハネによる福音書　13 章 21～26 節

ユダがパン切れを受け取ると、サタンが彼の中に入った。そこでイエスは、「しようとしていることを、今すぐ、しなさい」と彼に言われた。座に着いていた者はだれも、なぜユダにこう言われたのか分からなかった。ある者は、ユダが金入れを預かっていたので、「祭りに必要な物を買いなさい」とか、貧しい人に何か施すようにと、イエスが言われたのだと思っていた。ユダはパン切れを受け取ると、すぐ出て行った。夜であった。

ヨハネによる福音書　13 章　27〜30 節

最後の晩餐

the last supper

ダ・ヴィンチ「最後の晩餐」
1495-98　テンペラ
ミラノ、
サンタ・マリア・デレ・グラツィエ教会

ティントレット「最後の晩餐」
1592-94　油彩
ヴェネツィア、
サン・ジョルジョ・マッジョーレ聖堂

最後の晩餐

the last supper

マンテーニャ「ゲツセマネの祈り」
1459　テンペラ
ロンドン、ナショナル・ギャラリー

ゲツセマネの祈り

Jesus prays in Gethsemane

それから、イエスは弟子たちと一緒にゲツセマネという所に来て、「わたしが向こうへ行って祈っている間、ここに座っていなさい」と言われた。ペトロおよびゼベダイの子二人を伴われたが、そのとき、悲しみもだえ始められた。そして、彼らに言われた。「わたしは死ぬばかりに悲しい。ここを離れず、わたしと共に目を覚ましていなさい。」少し進んで行って、うつ伏せになり、祈って言われた。「父よ、できることなら、この杯をわたしから過ぎ去らせてください。しかし、わたしの願いどおりではなく、御心《みこころ》のままに。」

マタイによる福音書 26章 36～39節

それから、弟子たちのところへ戻って御覧になると、彼らは眠っていたので、ペトロに言われた。「あなたがたはこのように、わずか一時もわたしと共に目を覚ましていられなかったのか。誘惑に陥らぬよう、目を覚まして祈っていなさい。心は燃えても、肉体は弱い。」更に、二度目に向こうへ行って祈られた。「父よ、わたしが飲まないかぎりこの杯が過ぎ去らないのでしたら、あなたの御心《みこころ》が行われますように。」再び戻って御覧になると、弟子たちは眠っていた。ひどく眠かったのである。そこで、彼らを離れ、また向こうへ行って、三度目も同じ言葉で祈られた。それから、弟子たちのところに戻って来て言われた。「あなたがたはまだ眠っている。休んでいる。時が近づいた。人の子は罪人たちの手に引き渡される。立て、行こう。見よ、わたしを裏切る者が来た。」

マタイによる福音書　26章　40〜46節

ドゥッチオ
「ゲツセマネの祈り」
14世紀　テンペラ
シエナ大聖堂美術館

ゲツセマネの祈り

Jesus prays in Gethsemane

グレコ「園での苦悩」
1590-95　油彩
アメリカ、トレド美術館

ユダの接吻

the arrest of Jesus

ドゥッチオ「ユダの接吻」
14世紀　テンペラ
シエナ大聖堂美術館

イエスがまだ話しておられると、十二人の一人であるユダがやって来た。祭司長たちや民の長老たちの遣わした大勢の群衆も、剣や棒を持って一緒に来た。イエスを裏切ろうとしていたユダは、「わたしが接吻《せっぷん》するのが、その人だ。それを捕まえろ」と、前もって合図を決めていた。

マタイによる福音書　26章　47、48節ジオット「ユダの接吻」
1303-05　フレスコ
パドヴァ、スクロベーニ礼拝堂

ディ・シエナ「ユダの接吻」
油彩
ロンドン、ナショナル・ギャラリー

ユダの接吻

the arrest of Jesus

ユダはすぐイエスに近寄り、「先生、こんばんは」と言って接吻《せっぷん》した。イエスは、「友よ、しようとしていることをするがよい」と言われた。すると人々は進み寄り、イエスに手をかけて捕らえた。そのとき、イエスと一緒にいた者の一人が、手を伸ばして剣を抜き、大祭司の手下に打ちかかって、片方の耳を切り落とした。そこで、イエスは言われた。「剣をさやに納めなさい。剣を取る者は皆、剣で滅びる。

マタイによる福音書　26 章　49～52 節

ジオット「祭司の前のキリスト」
1302-08　フレスコ
パドヴァ、スクロベーニ礼拝堂

祭司の前のイエス

Jesus before the council

ドゥッチオ「祭司の前のキリスト」
14世紀　テンペラ　シエナ大聖堂美術館

人々はイエスを捕らえると、大祭司カイアファのところへ連れて行った。そこには、律法《りっぽう》学者たちや長老たちが集まっていた。ペトロは遠く離れてイエスに従い、大祭司の屋敷の中庭まで行き、事の成り行きを見ようと、中に入って、下役たちと一緒に座っていた。さて、祭司長たちと最高法院の全員は、死刑にしようとしてイエスにとって不利な偽証を求めた。偽証人は何人も現れたが、証拠は得られなかった。最後に二人の者が来て、「この男は、『神の神殿を打ち倒し、三日あれば建てることができる』と言いました」と告げた。

マタイによる福音書　26章　57～61節

祭司の前のイエス

Jesus before the council

ホントホルスト「祭司による尋問」
1617　油彩
ロンドン、ナショナル・ギャラリー

そこで、大祭司は立ち上がり、イエスに言った。「何も答えないのか、この者たちがお前に不利な証言をしているが、どうなのか。」イエスは黙り続けておられた。大祭司は言った。「生ける神に誓って我々に答えよ。お前は神の子、メシアなのか。」イエスは言われた。「それは、あなたが言ったことです。しかし、わたしは言っておく。

あなたたちはやがて、

人の子が全能の神の右に座り、

天の雲に乗って来るのを見る。」

そこで、大祭司は服を引き裂きながら言った。「神を冒涜《ぼうとく》した。これでもまだ証人が必要だろうか。諸君は今、冒涜の言葉を聞いた。どう思うか。」人々は、「死刑にすべきだ」と答えた。そして、イエスの顔に唾《つば》を吐きかけ、こぶしで殴り、ある者は平手で打ちながら、「メシア、お前を殴ったのはだれか。言い当ててみろ」と言った。

マタイによる福音書　26 章　62〜68 節

ジオット
「嘲笑を受けるキリスト」
1302-10　フレスコ
パドヴァ、
スクロベーニ礼拝堂

ペトロ、イエスを否認する

Peter denies Jesus

ラ・トゥール（とその工房？）
「イエスを否定するペトロ」（部分）
1650　油彩
フランス、ナント美術館

ペトロは外にいて中庭に座っていた。そこへ一人の女中が近寄って来て、「あなたもガリラヤのイエスと一緒にいた」と言った。ペトロは皆の前でそれを打ち消して、「何のことを言っているのか、わたしには分からない」と言った。ペトロが門の方に行くと、ほかの女中が彼に目を留め、居合わせた人々に、「この人はナザレのイエスと一緒にいました」と言った。そこで、ペトロは再び、「そんな人は知らない」と誓って打ち消した。しばらくして、そこにいた人々が近寄って来てペトロに言った。「確かに、お前もあの連中の仲間だ。言葉遣いでそれが分かる。」そのとき、ペトロは呪《のろ》いの言葉さえ口にしながら、「そんな人は知らない」と誓い始めた。するとすぐ、鶏が鳴いた。ペトロは、「鶏が鳴く前に、あなたは三度わたしを知らないと言うだろう」と言われたイエスの言葉を思い出した。そして外に出て、激しく泣いた。

マタイによる福音書　26 章　69〜75 節

ヴェルコリエ「イエスを否定するペトロ」
1736　油彩
ワルシャワ、国立美術館

ユダの自殺

the death of Judas

ロレンツェッティ「首を吊ったユダ」
14世紀　フレスコ
アッシジ、
サン・フランチェスコ修道院

ドゥッチオ「祭司からお金を得るユダ」
14世紀　テンペラ　シエナ大聖堂美術館

そのころ、イエスを裏切ったユダは、イエスに有罪の判決が下ったのを知って後悔し、銀貨三十枚を祭司長たちや長老たちに返そうとして、「わたしは罪のない人の血を売り渡し、罪を犯しました」と言った。しかし彼らは、「我々の知ったことではない。お前の問題だ」と言った。そこで、ユダは銀貨を神殿に投げ込んで立ち去り、首をつって死んだ。祭司長たちは銀貨を拾い上げて、「これは血の代金だから、神殿の収入にするわけにはいかない」と言い、相談のうえ、その金で「陶器職人の畑」を買い、外国人の墓地にすることにした。このため、この畑は今日まで「血の畑」と言われている。

マタイによる福音書　27章　3〜8節

夜が明けると、祭司長たちと民の長老たち一同は、イエスを殺そうと相談した。そして、イエスを縛って引いて行き、総督ピラトに渡した。

マタイによる福音書　27 章　1、2 節

ピラトから尋問される

Jesus before Pilate

そこで、ピラトはもう一度官邸に入り、イエスを呼び出して、「お前がユダヤ人の王なのか」と言った。イエスはお答えになった。「あなたは自分の考えで、そう言うのですか。それとも、ほかの者がわたしについて、あなたにそう言ったのですか。」ピラトは言い返した。「わたしはユダヤ人なのか。お前の同胞や祭司長たちが、お前をわたしに引き渡したのだ。いったい何をしたのか。」イエスはお答えになった。「わたしの国は、この世には属していない。もし、わたしの国がこの世に属していれば、わたしがユダヤ人に引き渡されないように、部下が戦ったことだろう。しかし、実際、わたしの国はこの世には属していない。」そこでピラトが、「それでは、やはり王なのか」と言うと、イエスはお答えになった。「わたしが王だとは、あなたが言っていることです。わたしは真理について証《あか》しをするために生まれ、そのためにこの世に来た。真理に属する人は皆、わたしの声を聞く。」ピラトは言った。「真理とは何か。」

ヨハネによる福音書　18 章　33〜38 節

ニコライヴィッチ「真理を問うピラト」

マセイス（クエンティン）「この人を見よ」
1515　油彩
マドリード、プラド美術館

死刑の判決

Jesus is sentenced to death

　ところで、祭りの度ごとに、
総督は民衆の希望する囚人を一人釈放することにしていた。
そのころ、バラバ・イエスという評判の囚人がいた。
ピラトは、人々が集まって来たときに言った。
「どちらを釈放してほしいのか。バラバ・イエスか。
それともメシアといわれるイエスか。」
人々がイエスを引き渡したのは、
ねたみのためだと分かっていたからである。
一方、ピラトが裁判の席に着いているときに、
妻から伝言があった。
「あの正しい人に関係しないでください。
その人のことで、わたしは昨夜、
夢で随分苦しめられました。」

マタイによる福音書　27 章　15～19 節

死刑の判決

Jesus is sentenced to death

　しかし、祭司長たちや長老たちは、バラバを釈放して、
イエスを死刑に処してもらうようにと群衆を説得した。
そこで、総督が、
「二人のうち、どちらを釈放してほしいのか」と言うと、
人々は、「バラバを」と言った。
ピラトが、「では、メシアといわれているイエスの方は、
どうしたらよいか」と言うと、
皆は、「十字架につけろ」と言った。
ピラトは、「いったいどんな悪事を働いたというのか」
と言ったが、群衆はますます激しく、
「十字架につけろ」と叫び続けた。

マタイによる福音書　27 章　20〜23 節

ボッシュ「この人を見よ」
1470-80　油彩
フランクフルト、
シュテーデル美術研究所

ブルッゲン「手を洗うピラト」
ドイツ、カッセル美術館

水で手を洗うピラト

Pilate washes his hands

　ピラトは、それ以上言っても無駄なばかりか、かえって騒動が起こりそうなのを見て、水を持って来させ、群衆の前で手を洗って言った。「この人の血について、わたしには責任がない。お前たちの問題だ。」民はこぞって答えた。「その血の責任は、我々と子孫にある。」

マタイによる福音書　27 章　24〜25 節

ストーメル「手を洗うピラト」
1640　油彩
パリ、ルーヴル美術館

ドゥッチオ「手を洗うピラト」
14世紀　テンペラ
シエナ大聖堂美術館

水で手を洗うピラト

Pilate washes his hands

ティントレット「ピラトの前のキリスト」
1567　油彩
ヴェネツィア、サン・ロッコ同信会館

そこで、ピラトはバラバを釈放し、
イエスを鞭《むち》打《う》ってから、十字架につけるために引き渡した。

マタイによる福音書　27 章　26 節

むち打ち

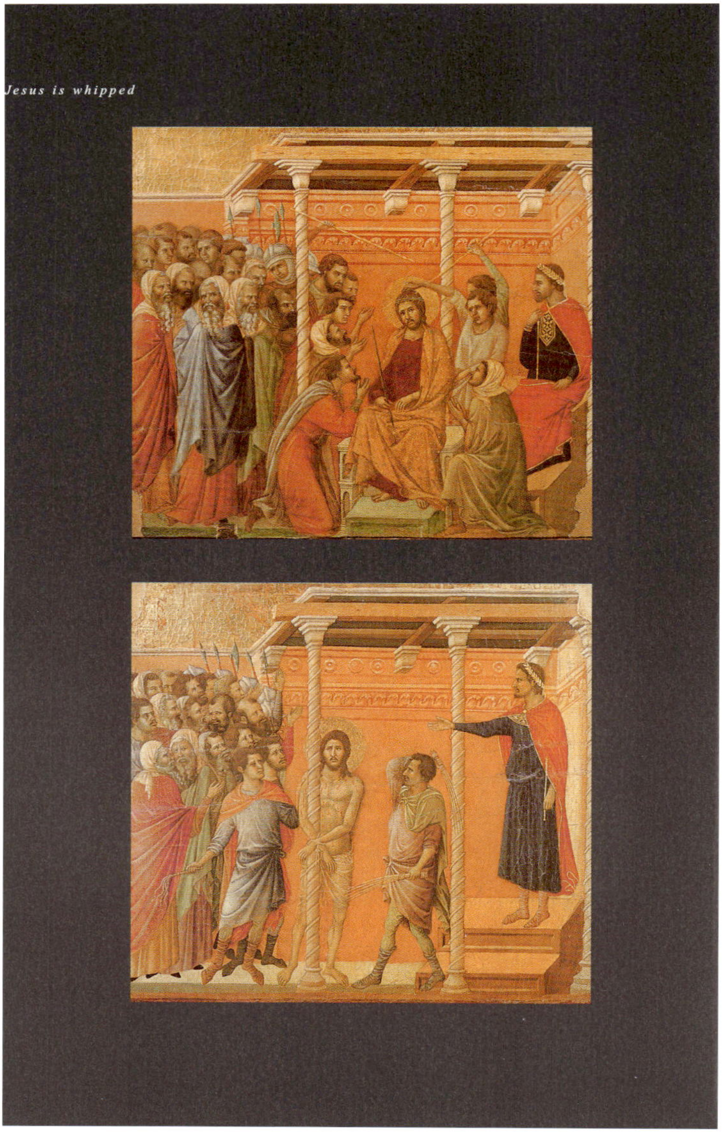

ドゥッチオ「卑しめられるキリスト（上）」「鞭打たれるキリスト（下）」
14世紀　テンペラ　シエナ大聖堂美術館

ティツィアーノ「荊冠のキリスト」
1570　ミュンヘン、アルテ・ピナコテーク

それから、総督の兵士たちは、
イエスを総督官邸に連れて行き、
部隊の全員をイエスの周りに集めた。
そして、イエスの着ている物をはぎ取り、
赤い外套《がいとう》を着せ、茨《いばら》で冠を編んで頭に載せ、
また、右手に葦《あし》の棒を持たせて、その前にひざまずき、
「ユダヤ人の王、万歳」と言って、侮辱した。
また、唾《つば》を吐きかけ、葦の棒を取り上げて頭をたたき続けた。
このようにイエスを侮辱したあげく、
外套を脱がせて元の服を着せ、
十字架につけるために引いて行った。

マタイによる福音書 27 章 27～31 節

アンジェリコ「キリストの嘲弄」
1440 フレスコ フィレンツェ、サン・マルコ修道院

兵士からの侮辱

the soldiers make fun of Jesus

グリューネヴァルト「キリストの嘲弄」
1504-05　油彩　ミュンヘン、アルテ・ピナコテーク

兵士からの侮辱

the soldiers make fun of Jesus

グレコ「聖衣剥奪」
1577-79　油彩
スペイン、トレド大聖堂

ボッシュ「荊の冠をかぶるキリスト」
1490-1500　油彩
ロンドン、ナショナル・ギャラリー

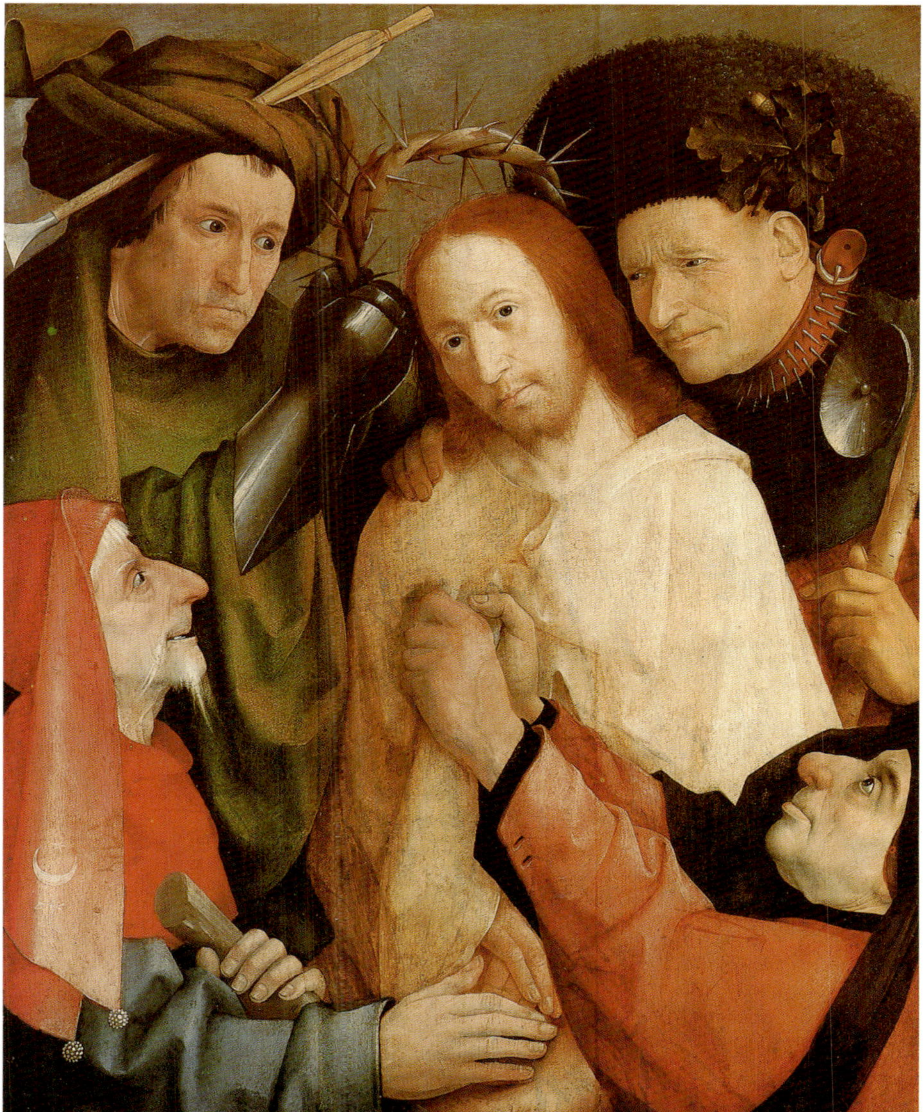

グレコ「十字架を担うキリスト」
1590-95　油彩
バルセロナ、市立美術館

十字架を背負う

Jesus carries His cross

兵士たちは出て行くと、シモンという名前のキレネ人に出会ったので、イエスの十字架を無理に担がせた。そして、ゴルゴタという所、すなわち「されこうべの場所」に着くと、苦いものを混ぜたぶどう酒を飲ませようとしたが、イエスはなめただけで、飲もうとされなかった。

マタイによる福音書　27 章　32〜34 節

ダイク
「荊の冠をかぶるキリスト」
1618-20　油彩
マドリード、プラド美術館

十字架を背負う

Jesus carries His cross

兵士たちは、官邸、すなわち総督官邸の中に、イエスを引いて行き、部隊の全員を呼び集めた。そして、イエスに紫の服を着せ、茨《いばら》の冠を編んでかぶらせ、「ユダヤ人の王、万歳」と言って敬礼し始めた。また何度も、葦《あし》の棒で頭をたたき、唾《つば》を吐きかけ、ひざまずいて拝んだりした。このようにイエスを侮辱したあげく、紫の服を脱がせて元の服を着せた。そして、十字架につけるために外へ引き出した。

マルコによる福音書　15 章　16～20 節

ドゥッチオ
「キリストの替わりに十字架を持つシモン」
14世紀　テンペラ　シエナ大聖堂美術館

ロット「十字架を担うキリスト」
1526　油彩
パリ、ルーヴル美術館

ドゥッチオ「十字架を担ぐキリスト」
14世紀　テンペラ　シエナ大聖堂美術館

ボッシュ「十字架を担うキリスト」
1480　油彩　ウィーン、美術史美術館

十字架を背負う

Jesus carries His cross

　人々はイエスを引いて行く途中、田舎から出て来たシモンというキレネ人を捕まえて、十字架を背負わせ、イエスの後ろから運ばせた。民衆と嘆き悲しむ婦人たちが大きな群れを成して、イエスに従った。イエスは婦人たちの方を振り向いて言われた。「エルサレムの娘たち、わたしのために泣くな。むしろ、自分と自分の子供たちのために泣け。人々が、『子を産めない女、産んだことのない胎、乳を飲ませたことのない乳房は幸いだ』と言う日が来る。」

ルカによる福音書　23 章　26～29 節

ラファエロ「キリストを助けるシモン」
1517　油彩　マドリード、プラド美術館

ティントレット「ゴルゴタの丘への道」
1566　油彩
ヴェネツィア、サン・ロッコ同信会館

ティエポロ
「ゴルゴタを背景にしたキリスト」
1737-38　油彩　ヴェネツィア

十字架を背負う

Jesus carries His cross

SPQR

十字架にかかる

Jesus is crucified

彼らはイエスを十字架につけると、
くじを引いてその服を分け合い、
そこに座って見張りをしていた。
イエスの頭の上には、
「これはユダヤ人の王イエスである」
と書いた罪状書きを掲げた。
折から、
イエスと一緒に二人の強盗が、
一人は右にもう一人は左に、
十字架につけられていた。
そこを通りかかった人々は、
頭を振りながらイエスをののしって、
言った。
「神殿を打ち倒し、
三日で建てる者、
神の子なら、
自分を救ってみろ。
そして十字架から降りて来い。」

マタイによる福音書　27 章　35~40 節

プリュードン
「釘付けされたキリスト」
1822　油彩
パリ、ルーヴル美術館

実に
キリストは、わたしたちがまだ
弱かったころ、定められた時に、
不信心な者のために
死んでくださった。
正しい人のために死ぬ者は
ほとんどいません。
善い人のために命を惜しまない者なら
いるかもしれません。
しかし、わたしたちがまだ罪人であったとき、
キリストがわたしたちのために
死んでくださったことにより、
神はわたしたちに対する
愛を示されました。

ローマの信徒への手紙　5章　6~8節

十字架にかかる

Jesus is crucified

レンブラント
「十字架にかけられるキリスト」
1634　油彩
ミュンヘン、アルテ・ピナコテーク

十字架にかかる

Jesus is crucified

召し使いたち、心からおそれ敬って主人に従いなさい。
善良で寛大な主人にだけでなく、無慈悲な主人にもそうしなさい。
不当な苦しみを受けることになっても、
神がそうお望みだとわきまえて苦痛を耐えるなら、
それは御心《みこころ》に適うことなのです。
罪を犯して打ちたたかれ、それを耐え忍んでも、何の誉れになるでしょう。
しかし、善を行って苦しみを受け、それを耐え忍ぶなら、
これこそ神の御心に適うことです。
あなたがたが召されたのはこのためです。
というのは、キリストもあなたがたのために苦しみを受け、
その足跡に続くようにと、模範を残されたからです。
「この方は、罪を犯したことがなく、その口には偽りがなかった。」
ののしられてもののしり返さず、苦しめられても人を脅さず、
正しくお裁きになる方にお任せになりました。
そして、十字架にかかって、
自らその身にわたしたちの罪を担ってくださいました。
わたしたちが、罪に対して死んで、義によって生きるようになるためです。
そのお受けになった傷によって、あなたがたはいやされました。

ペトロの手紙一　2章 18～24節

ブロイ（父）
「十字架を立てる」
1524　油彩
ブダペスト国立美術館

十字架にかけられていた犯罪人の一人が、イエスをののしった。「お前はメシアではないか。自分自身と我々を救ってみろ。」すると、もう一人の方がたしなめた。「お前は神をも恐れないのか、同じ刑罰を受けているのに。我々は、自分のやったことの報いを受けているのだから、当然だ。しかし、この方は何も悪いことをしていない。」そして、「イエスよ、あなたの御国《みくに》においでになるときには、わたしを思い出してください」と言った。するとイエスは、「はっきり言っておくが、あなたは今日わたしと一緒に楽園にいる」と言われた。

ルカによる福音書　23章　39〜43節

十字架にかかる

Jesus is crucified

ブラマンティーノ
「キリストの磔刑」
1510-11　テンペラ
ミラノ、ブレーラ絵画館

ティントレット「磔刑」
1554-55　油彩
ヴェネツィア、サン・ロッコ同信会館

十字架にかかる

Jesus is crucified

I·N·R·I

I・N・R・I✣

INRI

　ピラトは罪状書きを書いて、
十字架の上に掛けた。
それには、
「ナザレのイエス、ユダヤ人の王」
と書いてあった。
イエスが十字架につけられた場所は
都に近かったので、
多くのユダヤ人がその罪状書きを読んだ。
それは、
ヘブライ語、
ラテン語、
ギリシア語で書かれていた。

ヨハネによる福音書　19 章　19、20 節

✣ I・N・R・I：イエスの＜罪状書き＞として掲げられた「ナザレのイエス、ユダヤ人の王」のことばを略したもの。

ティツィアーノ
「キリストの磔刑」
1558　油彩
アンコーナ、サン・ドメニコ聖堂

バッサーノ　「磔刑」
1501　油彩　ブカレスト、国立美術館

イエスの死

the death of Jesus

イエスの十字架のそばには、
その母と母の姉妹、
クロパの妻マリアとマグダラのマリアとが立っていた。
イエスは、
母とそのそばにいる愛する弟子とを見て、
母に、
「婦人よ、御覧なさい。あなたの子です」
と言われた。
それから弟子に言われた。
「見なさい。あなたの母です。」
そのときから、
この弟子はイエスの母を自分の家に引き取った。

ヨハネによる福音書　19章　25〜27節

レンブラント「十字架上のキリスト」
1631　油彩　フランス、タジネス教会

イエスの死

the death of Jesus

昼の十二時になると、全地は暗くなり、それが三時まで続いた。三時にイエスは大声で叫ばれた。「エロイ、エロイ、レマ、サバクタニ。」これは、「わが神、わが神、なぜわたしをお見捨てになったのですか」という意味である。そばに居合わせた人々のうちには、これを聞いて、「そら、エリヤを呼んでいる」と言う者がいた。ある者が走り寄り、海綿に酸いぶどう酒を含ませて葦《あし》の棒に付け、「待て、エリヤが彼を降ろしに来るかどうか、見ていよう」と言いながら、イエスに飲ませようとした。しかし、イエスは大声を出して息を引き取られた。

マルコによる福音書　15 章　33〜37 節

I·N·R·I

イエスの死

the death of Jesus

　さて、
昼の十二時に、
全地は暗くなり、
それが三時まで続いた。
三時ごろ、
イエスは大声で叫ばれた。
「エリ、エリ、レマ、サバクタニ。」
これは、
「わが神、わが神、なぜわたしをお見捨てになったのですか」
という意味である。
そこに居合わせた人々のうちには、
これを聞いて、
「この人はエリヤを呼んでいる」
と言う者もいた。
そのうちの一人が、
すぐに走り寄り、
海綿を取って酸いぶどう酒を含ませ、
葦《あし》の棒に付けて、
イエスに飲ませようとした。
ほかの人々は、
「待て、エリヤが彼を救いに来るかどうか、見ていよう」
と言った。
しかし、
イエスは再び大声で叫び、
息を引き取られた。

マタイによる福音書　27 章　45〜50 節

スルバラン「十字架上のキリスト」
1650　油彩　サンクト・ペテルブルク、エルミタージュ美術館

脇腹を刺す

Jesus' side is pierced

ボヘミアン「脇腹を刺されたキリスト」
1360　ベルリン、国立美術館

その日は準備の日で、翌日は特別の安息日《あんそくび》であったので、ユダヤ人たちは、安息日に遺体を十字架の上に残しておかないために、足を折って取り降ろすように、ピラトに願い出た。そこで、兵士たちが来て、イエスと一緒に十字架につけられた最初の男と、もう一人の男との足を折った。イエスのところに来てみると、既に死んでおられたので、その足は折らなかった。しかし、兵士の一人が槍《やり》でイエスのわき腹を刺した。すると、すぐ血と水とが流れ出た。

ヨハネによる福音書
19章 31〜34節

チョウスト「キリストの磔刑」
1404

グリューネヴァルト「十字架の下での悲しみ」
1502　油彩　スイス、バーゼル美術館

百人隊長の信仰

the faith of the army officer

すると、
神殿の垂れ幕が上から下まで真っ二つに裂けた。
百人隊長がイエスの方を向いて、
そばに立っていた。
そして、
イエスがこのように息を引き取られたのを見て、
「本当に、この人は神の子だった」
と言った。

マルコによる福音書　15 章　38、39 節

コーテル「婦人たちの悲しみ」
油彩
パリ、ルーヴル美術館

マグダラのマリアの信仰

Mary Magdalene

また、婦人たちも
遠くから見守っていた。
その中には、マグダラのマリア、
小ヤコブとヨセの母マリア、
そしてサロメがいた。
この婦人たちは、
イエスがガリラヤにおられたとき、
イエスに従って来て
世話をしていた人々である。
なおそのほかにも、
イエスと共にエルサレムへ
上って来た婦人たちが大勢いた。

マルコによる福音書　15章　40〜41節

グレコ「マグダラのマリアの悔悛」
1580-85　油彩　カンザスシティー、ネルソン・アトキンズ美術館

既に夕方
になった。その日は
準備の日、すなわち安息日《あんそくび》の前日
であったので、
アリマタヤ出身で身分の高い議員
ヨセフが来て、
勇気を出してピラトのところへ行き、
イエスの遺体を渡してくれるようにと願い出た。
この人も神の国を待ち望んでいたのである。
ピラトは、イエスがもう死んでしまったのかと不思議に思い、
百人隊長を呼び寄せて、
既に 死んだかどうかを尋ねた。
そして、
百人隊長に確かめたうえ、
遺体をヨセフに下げ渡した。

マルコによる福音書 15章 42〜45節

十字架から降ろされる

Jesus' body is taken down

フィオレンティーノ「十字架降下」
1521 油彩
イタリア、ヴォルテラ美術館

十字架から降ろされる

Jesus' body is taken down

ポントルモ「十字架降下」
1526-28　油彩
フィレンツェ、サンタ・フェリチタ聖堂

マチューカ「十字架降下」
1545　油彩
マドリード、プラド美術館

ヨセフは亜麻布《あまぬの》を買い、イエスを十字架から降ろしてその布で巻き、岩を掘って作った墓の中に納め、墓の入り口には石を転がしておいた。マグダラのマリアとヨセの母マリアとは、イエスの遺体を納めた場所を見つめていた。

マルコによる福音書　15 章 46、47 節

ウェイデン「十字架降下」
1435　油彩　マドリード、プラド美術館

十字架から降ろされる

Jesus' body is taken down

イエスへの哀悼

the mourning over the death of Jesus

カルトン
「アヴィニヨンのピエタ」
1460頃　油彩
パリ、ルーヴル美術館

彼が担ったのはわたしたちの病
彼が負ったのはわたしたちの痛みであったのに
わたしたちは思っていた
神の手にかかり、打たれたから
彼は苦しんでいるのだ、と。
彼が刺し貫かれたのは
わたしたちの背きのためであり
彼が打ち砕かれたのは
わたしたちの咎《とが》のためであった。
彼の受けた懲らしめによって
　　わたしたちに平和が与えられ
彼の受けた傷によって、わたしたちはいやされた。
わたしたちは羊の群れ
道を誤り、それぞれの方角に向かって行った。
そのわたしたちの罪をすべて
　　主《しゅ》は彼に負わせられた。

旧約聖書　イザヤ書　53 章　4～6 節

ジョベネット「イエスの体を拭く」
1706　油彩
サンクト・ペテルブルク、
エルミタージュ美術館

ボッティチェリ「ピエタ」
1490　テンペラ
ミュンヘン、
アルテ・ピナコテーク

キリストは、神の身分でありながら、
神と等しい者であることに固執しようとは思わず、
かえって自分を無にして、僕《しもべ》の身分になり、
人間と同じ者になられました。人間の姿で現れ、
へりくだって、死に至るまで、
それも十字架の死に至るまで従順でした。

フィリピの信徒への手紙　2章　6～8節

イエスへの哀悼

the mourning over the death of Jesus

ボッティチェリ「ピエタ」
1490-1500　テンペラ
ミラノ、ピゾーリ博物館

デューラー「ピエタ」
1500　油彩
ミュンヘン、アルテ・ピナコテーク

イエスへの哀悼

the mourning over the death of Jesus

神は唯一であり、神と人との間の仲介者も、人であるキリスト・イエスただおひとりなのです。この方はすべての人の贖《あがな》いとして御自身を献げられました。これは定められた時になされた証《あか》しです。

テモテへの手紙一　2章 5、6節

クレーブ「キリストの埋葬の準備」
1535　油彩
パリ、ルーヴル美術館

神は、独り子を世にお遣わしになりました。その方によって、
わたしたちが生きるようになるためです。
ここに、神の愛がわたしたちの内に示されました。
わたしたちが神を愛したのではなく、
神がわたしたちを愛して、
わたしたちの罪を償ういけにえとして、
御子《みこ》をお遣わしになりました。
ここに愛があります。

ヨハネの手紙一　4章 9、10節

アンジェリコ「キリストの死への哀悼」
1436　フィレンツェ、サン・マルコ修道院

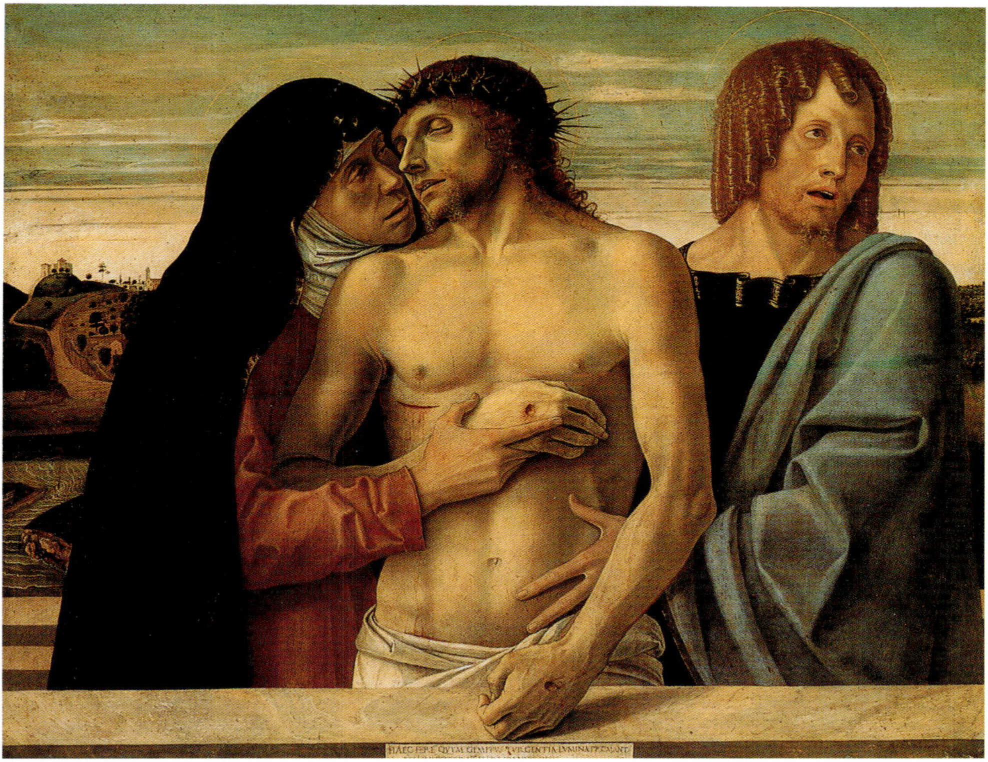

イエスへの哀悼

the mourning over the death of Jesus

ベリーニ「ピエタ」
1460　油彩
ミラノ、ブレーラ絵画館

夕方になると、
アリマタヤ出身の金持ちでヨセフという人が来た。
この人もイエスの弟子であった。
この人がピラトのところに行って、
イエスの遺体を渡してくれるようにと願い出た。
そこでピラトは、渡すようにと命じた。
ヨセフはイエスの遺体を受け取ると、
きれいな亜麻布《あまぬの》に包み、
岩に掘った自分の新しい墓の中に納め、
墓の入り口には大きな石を転がしておいて立ち去った。
マグダラのマリアともう一人のマリアとはそこに残り、
墓の方を向いて座っていた。

マタイによる福音書　27 章　57〜61 節

埋葬されるイエス

the burial of Jesus

カラヴァッジオ「キリストの埋葬」
1602-04　油彩　ヴァチカン美術館

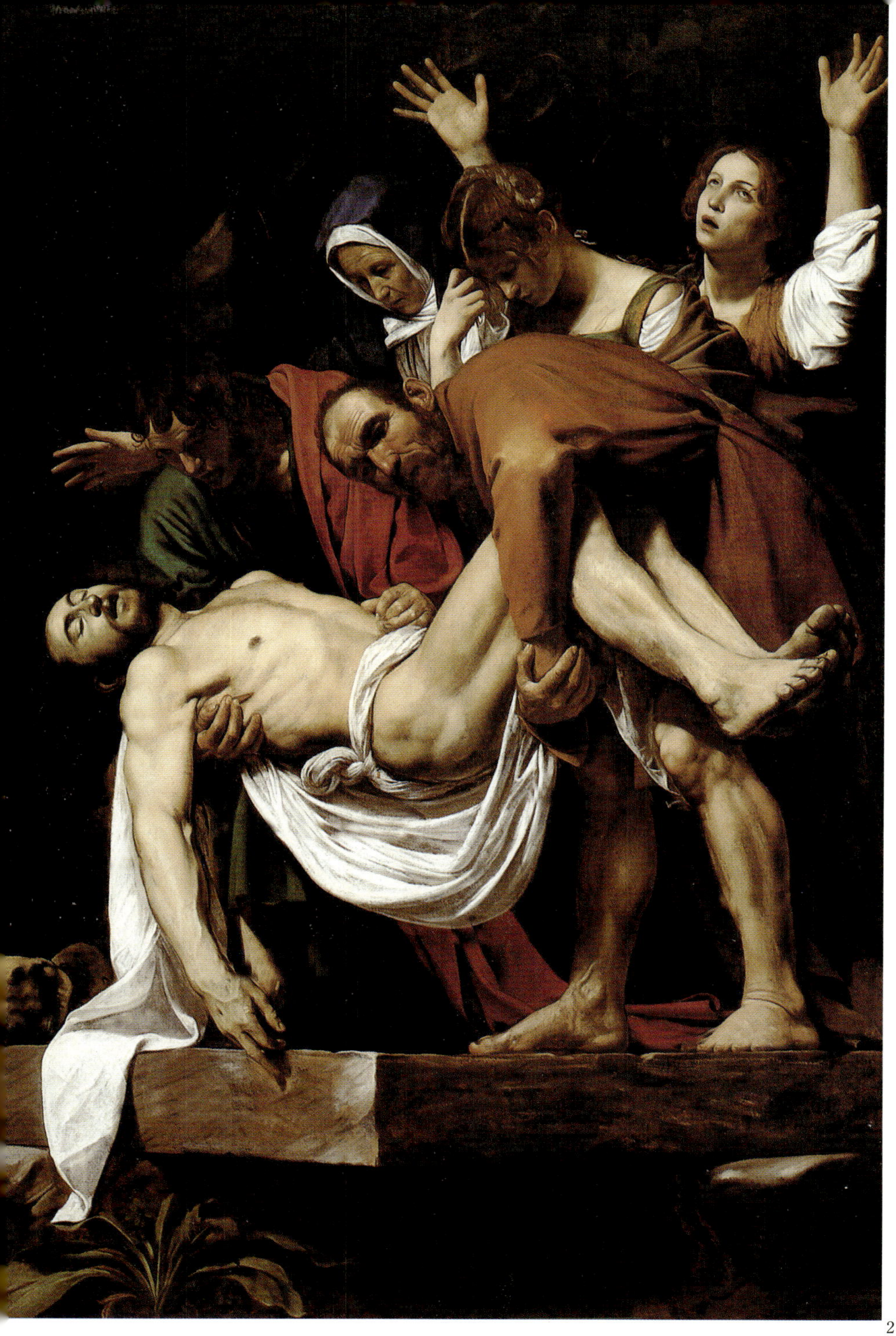

さて、ヨセフという議員がいたが、善良な正しい人で、同僚の決議や行動には同意しなかった。ユダヤ人の町アリマタヤの出身で、神の国を待ち望んでいたのである。この人がピラトのところに行き、イエスの遺体を渡してくれるようにと願い出て、遺体を十字架から降ろして亜麻布《あまぬの》で包み、まだだれも葬られたことのない、岩に掘った墓の中に

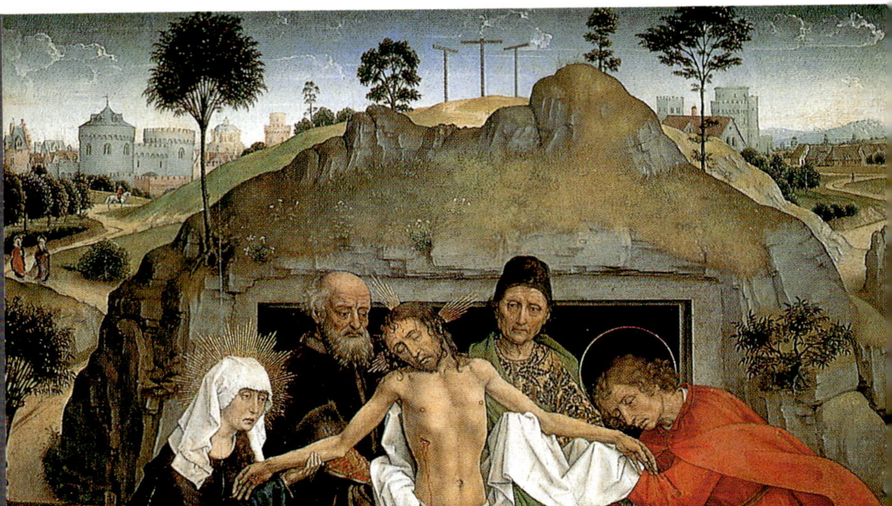

ウェイデン「キリストの埋葬」
1460-63　油彩
フィレンツェ、ウフィツィ美術館

埋葬されるイエス

the burial of Jesus

ラファエロ「キリストの埋葬」
1507　油彩
ローマ、ボルゲーゼ美術館

納めた。その日は準備の日であり、安息日《あんそくび》が始まろうとしていた。イエスと一緒にガリラヤから来た婦人たちは、ヨセフの後について行き、墓と、イエスの遺体が納められている有様とを見届け、家に帰って、香料と香油を準備した。

ルカによる福音書　23 章　50〜56 節

埋葬されるイエス

the burial of Jesus

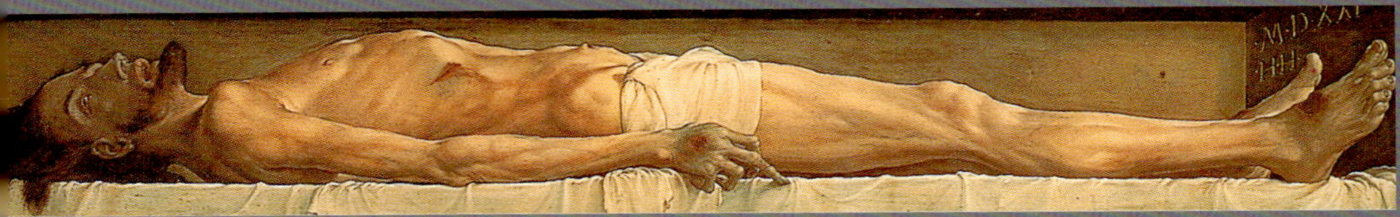

ホルバイン「墓の中のキリスト」
1521　油彩　スイス、バーゼル美術館

グリューネヴァルト＜イーゼンハイム祭壇画＞「埋葬」
1512-16　油彩　コルマール、ウンターリンデン美術館

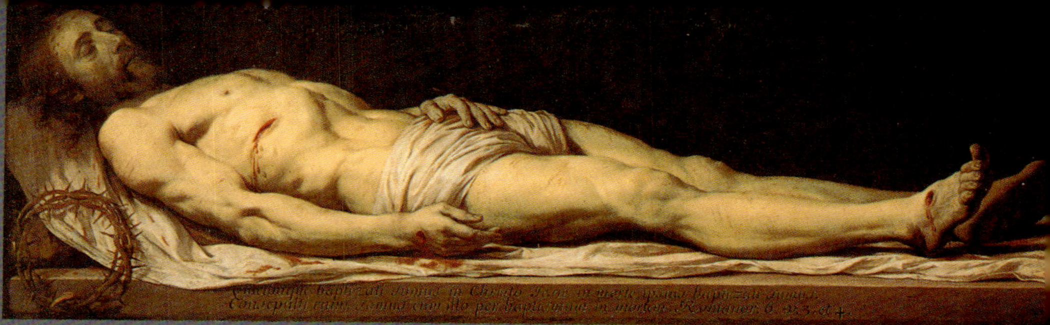

シャンパンニ「死んだキリスト」
1710　油彩　パリ、ルーヴル美術館

その後、イエスの弟子でありながら、ユダヤ人たちを恐れて、そのことを隠していたアリマタヤ出身のヨセフが、イエスの遺体を取り降ろしたいと、ピラトに願い出た。ピラトが許したので、ヨセフは行って遺体を取り降ろした。そこへ、かつてある夜、イエスのもとに来たことのあるニコデモも、没薬《もつやく》と沈香を混ぜた物を百リトラばかり持って来た。彼らはイエスの遺体を受け取り、ユダヤ人の埋葬の習慣に従い、香料を添えて亜麻布《あまぬの》で包んだ。イエスが十字架につけられた所には園があり、そこには、だれもまだ葬られたことのない新しい墓があった。その日はユダヤ人の準備の日であり、この墓が近かったので、そこにイエスを納めた。

ヨハネによる福音書　19 章　38～42 節

イエスの復活

the resurrection of Jesus

　さて、安息日《あんそくび》が終わって、週の初めの日の明け方に、マグダラのマリアともう一人のマリアが、墓を見に行った。すると、大きな地震が起こった。主《しゅ》の天使が天から降《くだ》って近寄り、石をわきへ転がし、その上に座ったのである。その姿は稲妻のように輝き、衣は雪のように白かった。番兵たちは、恐ろしさのあまり震え上がり、死人のようになった。天使は婦人たちに言った。「恐れることはない。十字架につけられたイエスを捜しているのだろうが、あの方は、ここにはおられない。かねて言われていたとおり、復活なさったのだ。さあ、遺体の置いてあった場所を見なさい。それから、急いで行って弟子たちにこう告げなさい。『あの方は死者の中から復活された。そして、あなたがたより先にガリラヤに行かれる。そこでお目にかかれる。』確かに、あなたがたに伝えました。」

マタイによる福音書　28章　1〜7節

フランチェスカ「キリストの復活」
1463　フレスコ／テンペラ
イタリア、サンセポルクロ美術館

イエスの復活

the resurrection of Jesus

アンジェリコ「キリストの復活」
1441　フレスコ
フィレンツェ、サン・マルコ修道院

安息日《あんそくび》が終わると、マグダラのマリア、ヤコブの母マリア、サロメは、イエスに油を塗りに行くために香料を買った。そして、週の初めの日の朝ごく早く、日が出るとすぐ墓に行った。彼女たちは、「だれが墓の入り口からあの石を転がしてくれるでしょうか」と話し合っていた。ところが、目を上げて見ると、石は既にわきへ転がしてあった。石は非常に大きかったのである。墓の中に入ると、白い長い衣を着た若者が右手に座っているのが見えたので、婦人たちはひどく驚いた。若者は言った。

「驚くことはない。あなたがたは十字架につけられたナザレのイエスを捜しているが、あの方は復活なさって、ここにはおられない。御覧なさい。お納めした場所である。さあ、行って、弟子たちとペトロに告げなさい。『あの方は、あなたがたより先にガリラヤへ行かれる。かねて言われたとおり、そこでお目にかかれる』と。」婦人たちは墓を出て逃げ去った。震え上がり、正気を失っていた。そして、だれにも何も言わなかった。恐ろしかったからである。

マルコによる福音書　16章　1~8節

バウツ「キリストの復活」1445　油彩

イエスの復活

the resurrection of Jesus

ファン・エイク「三人のマリア」
1420　油彩
ロッテルダム、ボイマンス=ファン・ビューニンゲン美術館

カラッチ「墓の前の三人のマリア」
1595　油彩
サンクト・ペテルブルク、エルミタージュ美術館

そして、週の初めの日の明け方早く、準備しておいた香料を持って墓に行った。見ると、石が墓のわきに転がしてあり、中に入っても、主《しゅ》イエスの遺体が見当たらなかった。そのため途方に暮れていると、輝く衣を着た二人の人がそばに現れた。婦人たちが恐れて地に顔を伏せると、二人は言った。「なぜ、生きておられる方を死者の中に捜すのか。あの方は、ここにはおられない。復活なさったのだ。まだガリラヤにおられたころ、お話しになったことを思い出しなさい。人の子は必ず、罪人の手に渡され、十字架につけられ、三日目に復活することになっている、と言われたではないか。」そこで、婦人たちはイエスの言葉を思い出した。そして、墓から帰って、十一人とほかの人皆に一部始終を知らせた。

週の初めの日、朝早く、まだ暗いうちに、
マグダラのマリアは墓に行った。
そして、墓から石が取りのけてあるのを見た。
そこで、シモン・ペトロのところへ、
また、イエスが愛しておられたもう一人の弟子のところへ走って行って
彼らに告げた。
「主《しゅ》が墓から取り去られました。どこに置かれているのか、
わたしたちには分かりません。」
そこで、ペトロとそのもう一人の弟子は、外に出て墓へ行った。
二人は一緒に走ったが、もう一人の弟子の方が、
ペトロより速く走って、先に墓に着いた。
身をかがめて中をのぞくと、亜麻布《あまぬの》が置いてあった。
しかし、彼は中には入らなかった。
続いて、シモン・ペトロも着いた。
彼は墓に入り、亜麻布が置いてあるのを見た。
イエスの頭を包んでいた覆いは、
亜麻布と同じ所には置いてなく、離れた所に丸めてあった。
それから、先に墓に着いたもう一人の弟子も入って来て、
見て、信じた。
イエスは必ず死者の中から復活されることになっているという聖書の言葉を、
二人はまだ理解していなかったのである。
それから、この弟子たちは家に帰って行った。

ヨハネによる福音書　20章　1〜10節

イエスの復活

the resurrection of Jesus

ウィイノレーサ「キリストの復活」
1568　油彩
サンクト・ペテルブルク、エルミタージュ美術館

復活のイエスとの出会い

Jesus appears to Mary Magdalene

マリアは
墓の外に立って泣いていた。
泣きながら身をかがめて
墓の中を見ると、
イエスの遺体の置いてあった所に、
白い衣を着た二人の天使が見えた。
一人は頭の方に、
もう一人は足の方に座っていた。
天使たちが、
「婦人よ、
なぜ泣いているのか」
と言うと、
マリアは言った。
「わたしの主《しゅ》が取り去られました。
どこに置かれているのか、
わたしには分かりません。」
こう言いながら後ろを振り向くと、
イエスの立っておられるのが見えた。
しかし、
それがイエスだとは分からなかった。

ヨハネによる福音書　20 章　11～14 節

アンジェリコ「我に触れるな」
1450　フレスコ
フィレンツェ、サン・マルコ修道院

イエスは言われた。「婦人よ、なぜ泣いているのか。だれを捜しているのか。」マリアは、園丁だと思って言った。「あなたがあの方を運び去ったのでしたら、どこに置いたのか教えてください。わたしが、あの方を引き取ります。」イエスが、「マリア」と言われると、彼女は振り向いて、ヘブライ語で、「ラボニ」と言った。「先生」という意味である。イエスは言われた。「わたしにすがりつくのはよしなさい。まだ父のもとへ

レンブラント「婦人よ、なぜ泣いているのか？」
1638　油彩　ロンドン、バッキンガム宮殿

復活のイエスとの出会い

Jesus appears to Mary Magdalene

上っていないのだから。わたしの兄弟たちのところへ行って、こう言いなさい。『わたしの父であり、あなたがたの父である方、また、わたしの神であり、あなたがたの神である方のところへわたしは上る』と。」マグダラのマリアは弟子たちのところへ行って、「わたしは主《しゅ》を見ました」と告げ、また、主から言われたことを伝えた。

ヨハネによる福音書　20 章　15〜18 節

ティツィアーノ「我に触れるな」
1511　油彩
ロンドン、
ナショナル・ギャラリー

復活のイエスとの出会い

Jesus appears to Mary Magdalene

コレッジオ「我に触れるな」
1534頃　油彩
マドリード、プラド美術館

ラ・フォッセ「我に触れるな」
1710　油彩

カラヴァッジオ「トマスの不信」
1595-1600　油彩
ベルリン、国立美術館

トマスの疑い

Jesus and Thomas

十二人の一人でディディモと呼ばれるトマスは、イエスが来られたとき、彼らと一緒にいなかった。そこで、ほかの弟子たちが、「わたしたちは主《しゅ》を見た」と言うと、トマスは言った。「あの方の手に釘《くぎ》の跡を見、この指を釘跡《くぎあと》に入れてみなければ、また、この手をそのわき腹に入れてみなければ、わたしは決して信じない。」さて八日の後、弟子たちはまた家の中におり、トマスも一緒にいた。戸にはみな鍵《かぎ》がかけてあったのに、イエスが来て真ん中に立ち、「あなたがたに平和があるように」と言われた。それから、トマスに言われた。「あなたの指をここに当てて、わたしの手を見なさい。また、あなたの手を伸ばし、わたしのわき腹に入れなさい。信じない者ではなく、信じる者になりなさい。」トマスは答えて、「わたしの主、わたしの神よ」と言った。イエスはトマスに言われた。「わたしを見たから信じたのか。見ないのに信じる人は、幸いである。」

ヨハネによる福音書 20章 24〜29節

エマオの途上

the walk to Emmaus

レンブラント「エマオのキリスト」
1648　油彩
パリ、ルーヴル美術館

ちょうどこの日、二人の弟子が、
エルサレムから六十スタディオン離れたエマオという村へ向かって歩きながら、
この一切の出来事について話し合っていた。話し合い論じ合っていると、
イエス御自身が近づいて来て、一緒に歩き始められた。
しかし、二人の目は遮られていて、イエスだとは分からなかった。
イエスは、「歩きながら、やり取りしているその話は何のことですか」と言われた。
二人は暗い顔をして立ち止まった。
その一人のクレオパという人が答えた。
「エルサレムに滞在していながら、この数日そこで起こったことを、
あなただけはご存じなかったのですか。」
イエスが、「どんなことですか」と言われると、二人は言った。
「ナザレのイエスのことです。
この方は、神と民全体の前で、行いにも言葉にも力のある預言者《よげんしゃ》でした。
それなのに、わたしたちの祭司長たちや議員たちは、
死刑にするため引き渡して、十字架につけてしまったのです。
わたしたちは、あの方こそイスラエルを解放してくださると望みをかけていました。
しかも、そのことがあってから、もう今日で三日目になります。
ところが、仲間の婦人たちがわたしたちを驚かせました。
婦人たちは朝早く墓へ行きましたが、遺体を見つけずに戻って来ました。
そして、天使たちが現れ、『イエスは生きておられる』と告げたと言うのです。
仲間の者が何人か墓へ行ってみたのですが、婦人たちが言ったとおりで、
あの方は見当たりませんでした。」
そこで、イエスは言われた。
「ああ、物分かりが悪く、
心が鈍く預言者たちの言ったことすべてを信じられない者たち、
メシアはこういう苦しみを受けて、栄光に入るはずだったのではないか。」
そして、モーセとすべての預言者から始めて、
聖書全体にわたり、御自分について書かれていることを説明された。

ルカによる福音書　24 章　13～27 節

レンブラント「エマオのキリスト」
1628　油彩
パリ、ジャックマール・アンドレ美術館

　一行は目指す村に近づいたが、
イエスはなおも先へ行こうとされる様子だった。
二人が、「一緒にお泊まりください。
そろそろ夕方になりますし、もう日も傾いていますから」と言って、
無理に引き止めたので、イエスは共に泊まるため家に入られた。
一緒に食事の席に着いたとき、
イエスはパンを取り、賛美の祈りを唱え、パンを裂いてお渡しになった。
すると、二人の目が開け、イエスだと分かったが、その姿は見えなくなった。
二人は、「道で話しておられるとき、また聖書を説明してくださったとき、
わたしたちの心は燃えていたではないか」と語り合った。
そして、時を移さず出発して、エルサレムに戻ってみると、
十一人とその仲間が集まって、本当に主は復活して、
シモンに現れたと言っていた。
二人も、道で起こったことや、
パンを裂いてくださったときにイエスだと分かった次第を話した。

ルカによる福音書　24 章　28〜35 節

エマオの途上

The walk to Emmaus

カラヴァッジオ「エマオのキリスト」
1601　油彩
ロンドン、ナショナル・ギャラリー

ヴィッツ「聖ペトロの奇跡の漁獲」
1444　テンペラ
ジュネーブ、美術史美術館

七人の弟子たちに現れる

Jesus appears to seven disciples

その後、イエスはティベリアス湖畔で、また弟子たちに御自身を現された。その次第はこうである。シモン・ペトロ、ディディモと呼ばれるトマス、ガリラヤのカナ出身のナタナエル、ゼベダイの子たち、それに、ほかの二人の弟子が一緒にいた。シモン・ペトロが、「わたしは漁に行く」と言うと、彼らは、「わたしたちも一緒に行こう」と言った。彼らは出て行って、舟に乗り込んだ。しかし、その夜は何もドゥッチオ「湖に現れたキリスト」
14世紀　テンペラ
シエナ大聖堂美術館

とれなかった。既に夜が明けたころ、イエスが岸に立っておられた。だが、弟子たちは、それがイエスだとは分からなかった。イエスが、「子たちよ、何か食べる物があるか」と言われると、彼らは、「ありません」と答えた。イエスは言われた。「舟の右側に網を打ちなさい。そうすればとれるはずだ。」そこで、網を打ってみると、魚があまり多くて、もはや網を引き上げることができなかった。

ヨハネによる福音書　21章　1〜6節

七人の弟子たちに現れる

Jesus appears to seven disciples

イエスの愛しておられたあの弟子がペトロに、「主《しゅ》だ」と言った。シモン・ペトロは「主だ」と聞くと、裸同然だったので、上着をまとって湖に飛び込んだ。ほかの弟子たちは魚のかかった網を引いて、舟で戻って来た。陸から二百ペキスばかりしか離れていなかったのである。さて、陸に上がってみると、炭火がおこしてあった。その上に魚がのせてあり、パンもあった。イエスが、「今とった魚を何匹か持って来なさい」と言われた。シモン・ペトロが舟に乗り込んで網を

ルーベンス「奇跡の漁獲」
1618-19　油彩

陸に引き上げると、百五十三匹もの大きな魚でいっぱいであった。それほど多くとれたのに、網は破れていなかった。イエスは、「さあ、来て、朝の食事をしなさい」と言われた。弟子たちはだれも、「あなたはどなたですか」と問いただそうとはしなかった。主であることを知っていたからである。イエスは来て、パンを取って弟子たちに与えられた。魚も同じようにされた。イエスが死者の中から復活した後、弟子たちに現れたのは、これでもう三度目である。

ヨハネによる福音書　21 章　7〜14 節

イエスの昇天

Jesus is taken up to heaven

ジオット「天に昇るキリスト」
1308-10　フレスコ
パドヴァ、スクロベーニ礼拝堂

さて、使徒《しと》たちは集まって、「主《しゅ》よ、イスラエルのために国を建て直してくださるのは、この時ですか」と尋ねた。イエスは言われた。「父が御自分の権威をもってお定めになった時や時期は、あなたがたの知るところではない。」

使徒言行録　1章　6、7節

イエスの昇天

「あなたがたの上に聖霊《せいれい》が降《くだ》ると、
あなたがたは力を受ける。そして、
エルサレムばかりでなく、
ユダヤとサマリアの全土で、
また、地の果てに至るまで、
わたしの証人となる。」
こう話し終わると、
イエスは彼らが見ているうちに天に上げられたが、
雲に覆われて彼らの目から見えなくなった。
イエスが離れ去って行かれるとき、
彼らは天を見つめていた。
すると、白い服を着た二人の人がそばに立って、言った。
「ガリラヤの人たち、なぜ天を見上げて立っているのか。
あなたがたから離れて天に上げられたイエスは、
天に行かれるのをあなたがたが見たのと同じ有様で、
またおいでになる。」

使徒言行録　1章 8～11節

レンブラント「天に昇るキリスト」
1636　油彩　ミュンヘン、アルテ・ピナコテーク

聖霊降臨

the coming of the Holy Spirit

レーニ「聖霊降臨」
1606-09　油彩
ヴァチカン美術館

五旬祭《ごじゅんさい》の日が来て、一同が一つになって集まっていると、突然、激しい風が吹いて来るような音が天から聞こえ、彼らが座っていた家中に響いた。そして、炎のような舌が分かれ分かれに現れ、一人一人の上にとどまった。すると、一同は聖霊《せいれい》に満たされ、〝霊〟が語らせるままに、ほかの国々の言葉で話しだした。

使徒言行録　2章 1〜4節

グレコ「聖霊降臨」
1605-10　油彩
マドリード、プラド美術館

ルーベンス「最後の審判」
1615-16　ミュンヘン、アルテ・ピナコテーク

最後の審判

the Lord's coming

　兄弟たち、既に眠りについた人たちについては、
希望を持たないほかの人々のように嘆き悲しまないために、
ぜひ次のことを知っておいてほしい。
イエスが死んで復活されたと、
わたしたちは信じています。
神は同じように、イエスを信じて眠りについた人たちをも、
イエスと一緒に導き出してくださいます。
主《しゅ》の言葉に基づいて次のことを伝えます。
主が来られる日まで生き残るわたしたちが、
眠りについた人たちより先になることは、
決してありません。
すなわち、合図の号令がかかり、
大天使の声が聞こえて、
神のラッパが鳴り響くと、
主御自身が天から降《くだ》って
来られます。
すると、
キリストに結ばれて
死んだ人たちが、
まず最初に復活し、
それから、わたしたち
生き残っている者が、
空中で主と出会うために、
彼らと一緒に雲に包まれて
引き上げられます。
このようにして、わたしたちはいつまでも
主と共にいることになります。
ですから、今述べた言葉によって励まし合いなさい。

テサロニケの信徒への手紙一　4章　13〜18節

最後の審判

アンジェリコ「最後の審判」
1432-35　テンペラ　フィレンツェ、サン・マルコ修道院

神は正しいことを行われます。
あなたがたを苦しめている者には、苦しみをもって報い、
また、苦しみを受けているあなたがたには、
わたしたちと共に休息をもって報いてくださるのです。
主《しゅ》イエスが力強い天使たちを率いて天から来られるとき、
神はこの報いを実現なさいます。
主イエスは、燃え盛る火の中を来られます。そして神を認めない者や、
わたしたちの主イエスの福音に聞き従わない者に、罰をお与えになります。
彼らは、主の面前から退けられ、その栄光に輝く力から切り離されて、
永遠の破滅という刑罰を受けるでしょう。
かの日、主が来られるとき、主は御自分の聖なる者たちの間で
あがめられ、また、すべて信じる者たちの間でほめたたえられる
のです。それは、あなたがたがわたしたちの
もたらした証《あか》しを信じたからです。

テサロニケの信徒への手紙二 1章 6～10節

最後の審判

the judgement at Christ's coming

次いで、世の終わりが来ます。そのとき、キリストはすべての支配、すべての権威や勢力を滅ぼし、父である神に国を引き渡されます。キリストはすべての敵を御自分の足の下に置くまで、国を支配されることになっているからです。最後の敵として、死が滅ぼされます。「神は、すべてをその足の下に服従させた」からです。すべてが服従させられたと言われるとき、すべてをキリストに服従させた方自身が、それに含まれていないことは、明らかです。すべてが御子《みこ》に服従するとき、御子自身も、すべてを御自分に服従させてくださった方に服従されます。神がすべてにおいてすべてとなられるためです。

コリントの信徒への手紙一　15 章　24～28 節

見よ、わたしはすぐに来る。わたしは、報いを携えて来て、それぞれの行いに応じて報いる。わたしはアルファであり、オメガである。最初の者にして、最後の者。初めであり、終わりである。

ヨハネの黙示録　22 章　12、13 節

ミケランジェロ「最後の審判」
1535-41　フレスコ
ヴァチカン、システィーナ礼拝堂

IONAS

たと
え、人々の異言《いげん》、
天使たちの異言を
語ろうとも、愛がなけ
れば、わたしは騒がしい
どら、やかましいシンバル。
たとえ、預言《よげん》する賜物を持ち、
あらゆる神秘とあらゆる知識に通
じていようとも、たとえ、山を動か
すほどの完全な信仰を持っていよう
とも、愛がなければ、無に等しい。
全財産を貧しい人々のために使い尽く
そうとも、誇ろうとしてわが身を死に
引き渡そうとも、愛がなければ、わた
しに何の益もない。
愛は忍耐強い。愛は情け深い。ね
たまない。愛は自慢せず、高ぶらな
い。礼を失せず、自分の利益を求め
ず、いらだたず、恨みを抱かない。
不義を喜ばず、真実を喜ぶ。すべ
てを忍び、すべてを信じ、すべ
てを望み、すべてに耐える。
愛は決して滅びない。
預言は廃れ、異言
はやみ、知識は
廃れ

よう、
わたしたちの
知識は一部分、預言
も一部分だから。完全な
ものが来たときには、部分
的なものは廃れよう。幼子だっ
たとき、わたしは幼子のように
話し、幼子のように思い、幼子の
ように考えていた。成人した今、
幼子のことを棄てた。わたしたちは、
今は、鏡におぼろに映ったものを見て
いる。だがそのときには、顔と顔とを
合わせて見ることになる。わたしは、
今は一部しか知らなくとも、そのとき
には、はっきり知られているようにはっ
きり知ることになる。それゆえ、信仰
と、希望と、愛、この三つは、いつ
までも残る。その中で最も大いなる
ものは、愛である。

コリントの信徒への手紙一 13章 1〜13節

愛の教え

love

<作者名別索引>

作者名　　ページ

アミゴーニ　旧126
アンジェリコ　旧54,新157,新205,新215,新222,新245
ウィイノレーサ　新220
ヴィクトース　旧81,旧137
ヴィッツ　旧240,新233
ウェイデン　新197,新209
ウェスト　旧35
ヴェルコリエ　新142
ウェルフ　旧47
ヴェロッキオ　新33
ヴェロネーゼ　旧149,旧251,新41,新62
カスターニョ　旧209
カステロ　旧172
カラヴァッジオ　旧67,旧212,新51,新70,新208,新227,新232
カラッチ　新49,新218
カルトン　新199
グース　旧16
グェルチーノ　旧118,新97
クニュプファー　旧241
クラナハ　旧13,旧196
クリムト　旧16
グリューネヴァルト　新158,新189,新211
クレーブ　新204
グレコ　新5,新63,新81,新116,新132,新159,新161,新192,新242
ゴーガン　旧110
コーテル　新191
ゴッツォリ　新65
ゴッホ　新94
コルネリウス　旧131
コレッジオ　新225
コンカ　旧243
サセッタ　新19
サブレイラス　新77
ジェンティレスキ　旧150,旧214
ジェンティレスキ父娘　新7
ジオット　新12,新25,新109,新121,新136,新137,新140,新237
シニョレリ　新55
ジミグナーニ　旧73
シャガール　旧76
シャセリオー　旧245
シャンパーニュ　旧175
シャンパンニ　新9,新212
シュトック　旧15
ジョベネット　新200
ジョルジオーネ　旧238
ジョルダーノ　旧233
シント・ヤンス　新106
スタンチオーネ　新69
ストーメル　旧46,旧60,旧81,新152
ストロッヂ　新50
スピネリ　旧206
スルバラン　新185
ダ・ヴィンチ　新33,新125
ダイク　旧181,旧193,新162
ダヴィッド（ヘラルト）新43
チョウスト　新188
ディ・シエナ　新135
ティエポロ　旧50,旧56,旧94,旧99,新167
ティツィアーノ　新156,新179,新224
ティトー　新113
ティントレット　旧23,旧117,旧167,旧171,旧180,新71,新75,
新117,新127,新154,新166,新177
デューラー　旧12,旧188,新203
デル・サルト　旧69,旧111,旧115
テルブリッゲン　旧80
ドゥッチオ　新36,新39,新44,新112,新131,新133,新138,新144,
新153,新155,新163,新164,新234
ドラクロワ　旧107,新59
トルニエ　旧215
ドレ　旧29,旧32,旧39,旧157,旧176,旧191,旧200,新61,新76
ナルディーニ　旧223
ニコライヴィッチ　新146
ハールレム　旧224
バウツ　旧164,新216
バッサーノ　新181
バッチアカ　旧169

バティスタ・マイノ　新18,新23
パニーニ　新29
バブレン　新119
バルトロメオ　旧24
バロッチ　旧51
ビリヴァート　旧119
ファン・エイク　新217
フィアセラ　新26,新46
フィオレンティーノ　旧154,新194
フェッチ　旧156
フェルメール　新102
プッサン　旧72,旧145,旧148,旧159,旧165,旧170,旧178,旧185,旧201,旧235,旧254,新64,新88
ブラウン　新120
ブラマンティーノ　新176
フランチェスカ　旧242,新3,新13,新32,新213
フランデス　新105
ブリーニ　旧122
ブリューゲル（ピーテル）　旧41,新22,新89
ブリューゲル（ヤン）　旧61
プリュードン　新170
フリンク　旧88
ブルッゲン　新151
ブルドン　旧97,旧147,旧182,旧244
ブレイク　旧93,新99
ブロイ（父）　新174
ブロック　新115
フロマン　旧155
ブロンツィーノ　旧161
ベリーニ（ジョバンニ）　新1,新206
ベリーニ（ヤコポ）　新6
ペルジーノ　新79
ボックホスト　新24
ボッシュ　新150,新160,新165
ボッティチェリ　新201,新202
ボヘミアン　新187
ホルバイン　新211
ホントホルスト　新139
ポントルモ　旧115,旧129,旧133,新195
マサッチオ　旧20,新85
マシプ　新123
マセイス（クエンティン）　新147
マセイス（ヤン）　旧224
マチューカ　新196
マンテーニャ　旧53,旧70,新129
マンフレディ　旧216
ミケランジェロ　旧1,旧5,旧7,旧9,旧17,旧30,旧33,旧38,新247
ミレイ　旧31
ムリーリョ　旧85,新54,新98
メムリンク　旧221
モラ　旧95
モロー　新66
ラ・トゥール（ジョルジュ・ドゥ）　新141
ラ・フォッセ　新226
ラストマン　旧78
ラファエロ　旧28,新83,新165,新210
ランゲッティ　旧123
ランブール兄弟　新37,新92
リース　旧151
リッチ　新38
リッピ（フラ・フィリッポ）　新67
リッピ（ロレンツォ）　旧63,旧218
リベラ　旧89,旧92,新17,新30
ルイーニ　新27
ルーベンス　旧14,旧195,新59,新82,新235,新243
レーニ　旧21,旧27,旧144,旧213,新241
レンブラント　旧66,旧106,旧120,旧136,旧173,旧183,旧187,旧190,旧197,旧205,旧219,旧226,旧250,新95,新103,新110,新172,新183,新223,新229,新231,新240
ロッセ　旧138
ロッセーリ　旧217
ロッセッリ　旧177
ロット　新87,新164
ロマニロ　新14
ロラン　旧77,旧152,旧239
ロレンツェッティ　新114,新143
＜作者不詳＞　ブルゴーニュの画家　旧168

＜作品所蔵場所別索引＞

国名	所蔵地	所蔵場所	ページ
アメリカ	オハイオ	トレド美術館	新132
	カンザスシティー	ネルソン・アトキンズ美術館	新59,新192
	ニューヨーク	メトロポリタン美術館	旧196,新19,新71
		個人蔵	新36,新81
	ロサンジェルス	カウンティー美術館	新110
	ワシントン	ナショナル・ギャラリー	旧147,旧209,新39,新65,新75,新98
	ウィスコンシン	ミルウォーキー美術館	旧175
イギリス	エジンバラ	スコットランド国立美術館	旧110,旧169,新102
	オックスフォード	アッシュモーリアン美術館	旧31,旧145
	ロンドン	テート・ギャラリー	新99,新120
		ナショナル・ギャラリー	旧77,旧115,旧129,旧133,旧178,旧195,旧239,新9,新13,新22,新27,新32,新70,新129,新135,新139,新160,新224,新232
		バッキンガム宮殿	新223
		大英博物館	旧93,新103
イタリア	アッシジ	サン・フランチェスコ修道院	新114,新143
	アレッツォ	サン・フランチェスコ聖堂	旧242
	アンコーナ	サン・ドメニコ聖堂	新179
	ウディネ	パトリアカーレ宮殿	旧57,旧94,旧99
	ヴェネツィア	アカデミア美術館	旧23
		サン・ジョルジョ・マッジョーレ聖堂	旧167,新127
		サン・ロクス同信会館	旧171,旧180,新154,新166,新177
		(不詳)	旧50,新167
	ヴォルテラ	ヴォルテラ美術館	新194
	サンセポルクロ	サンセポルクロ美術館	新213
	シエナ	シエナ大聖堂美術館	新44,新112,新131,新133,新138,新144,新153,新155,新163,新164,新234
	トリノ	サバウダ美術館	新7
	ナポリ	カーポディモンテ美術館	新89
	パドヴァ	スクロベーニ礼拝堂	新12,新25,新109,新121,新136,新137,新140,新237
	フィレンツェ	ウフィツィ美術館	旧24,旧53,旧63,旧67,旧119,旧154,旧206,旧213,旧238,新33,新209
		エレオノーラ・ディ・トレド礼拝堂	旧161
		サン・マルコ修道院	旧54,新157,新205,新215,新222新245
		サンタ・フェリチタ聖堂	新195
		パラティーナ美術館	旧111
		ブランカッチ礼拝堂	旧20,新85
		(不詳)	旧217

国名	所蔵地	所蔵場所	ページ
イタリア	プラート	プラート大聖堂	新67
	ブレシア	市立絵画館	新14
	ペルージア	ウンブリア国立美術館	新3
	ボローニャ	国立美術館	旧144
	ミラノ	サンタ・マリア・デレ・グラツィエ教会	新125
		ピゾーリ博物館	新202
		ブレーラ絵画館	新176,新206
	ラヴェンナ	ガッラ・プラチディア聖堂	新91
	ローマ	サン・ルイージ・デイ・フランチェージ	新51
		ボルゲーゼ美術館	新210
ヴァチカン		ヴァチカン美術館	旧28,新83,新113,新208,新241
		システィーナ礼拝堂	旧1,旧5,旧7,旧9,旧17,旧30,旧33,旧38,旧177,新79,新247
オーストラリア	メルボルン	ヴィクトリア・ナショナル・ギャラリー	旧159
オーストリア	ウィーン	アルベルティーナ素描版画館	旧12
		オーストリア美術館	旧16
		美術史美術館	旧16,旧21,旧41,旧70,旧138,旧156,旧193,新49,新62,新97,新165
オランダ	アムステルダム	国立美術館	旧88,旧224
	オッテルロー	クレラー=ミューラー美術館	新94
	ロッテルダム	ボイマンス=ファン・ビューニンゲン美術館	新217
カナダ		ユサイイスタ・セフォロラ病院	新5
スイス	ジュネーブ	美術史美術館	新233
	バーゼル	バーゼル美術館	新189,新211
スペイン	トレド	トレド大聖堂	新159
	バルセロナ	市立美術館	新161
	マドリード	ジュネー教会	新116
		プラド美術館	旧56,旧69,旧89,旧92,旧117,旧126,旧149,旧150,旧152,旧181,旧182,旧212,旧233,旧243,旧244,新23,新30,新54,新69,新82,新105,新117,新123,新147,新162,新165,新196,新197,新225,新242
チェコ	プラハ	国立美術館	新38

＜作品所蔵場所別索引＞

国名	所蔵地	所蔵場所	ページ
ドイツ	カッセル	カッセル美術館	旧136,新151
	ドレスデン	国立美術館	旧187,旧190,新3
	フランクフルト	シュテーデル美術研究所	旧197,旧205,新150
	ベルリン	ベルリン絵画館	旧106,旧131,旧173,旧214
		国立美術館	旧240,新119,新187,新227
	ミュンヘン	アルテ・ピナコテーク	新156,新158,新172,新201,新203,新240,新243
	シュトゥットガルト	シュトゥットガルト美術館	旧221
パナマ		国立絵画館	新63
ハンガリー	ブダペスト	国立美術館	新174
フランス	コルマール	ウンターリンデン美術館	新211
	パリ	コニャック＝ジェ美術館	旧183
		サン＝シュルピス教会	旧107
		ジャックマール・アンドレ美術館	新231
		ルーヴル美術館	旧52,旧71,旧148,旧165,旧172,旧201,旧216,旧224,旧226,旧235,旧245,旧251,新1,新17,新41,新43,新64,新66,新77,新87,新88,新106,新152,新164,新170,新191,新199,新204,新212,新229
	フラヴィニー＝シュル＝オズラン	聖ジュネ教会	旧168
	エクサンプロヴァンス	エクサンプロヴァンス大聖堂	旧155
	シャンティイ	コンデ美術館	新37,新92
	ナント	ナント美術館	新141
	ル・マス・ダジネ	ローエ・ガロンヌ小教区教会	新183
		レーニ美術館	旧151
ベルギー	アントワープ	王立美術館	旧14
	ブリュッセル	王立美術館	旧13
	ルーヴェン	シント・ピーテル大聖堂	旧164
ポーランド	ワルシャワ	国立美術館	旧81,旧122,旧137,旧215,新29,新142
ルーマニア	ブカレスト	国立美術館	旧123,新181
ロシア	サンクト・ペテルブルク	エルミタージュ美術館	旧27,旧66,旧78,旧81,旧85,旧95,旧97,旧170,旧219,旧223,旧241,旧254,新18,新95,新185,新200,新218,新220
	モスクワ	プーシキン美術館	旧185,旧250
（不詳）		個人蔵	旧15

✣ 本書では、聖書本文と美術作品とを対にして捉えるという編集上の方針に基づき、本文見開きの最初からページ番号を振ってあります。

✞ 聖書　新共同訳

18年の歳月をかけ1987年に発行された、現代日本において最も広く用いられている翻訳。カトリック教会とプロテスタント諸教会の聖書学者70人以上の英知を結集。わかりやすい日本語であると同時に、典礼、礼拝に用いられるにふさわしい、力強く、格調高い訳文です。

アートバイブル

NIART ISBN978-4-8202-4214-7

2003年 3月 15日 初版発行

原本：台湾藝術圖書公司発行『聖經與名畫 3 舊約新約聖經名畫』

原本主編者：何恭上

聖書本文：『聖書 新共同訳』

監修　　収録作品選出／キャプション作成／聖書本文選定

町田 俊之（バイブル・アンド・アート ミニストリーズ代表）

装幀・本文　アートディレクション／デザイン　三輪 義也

データ作成協力　大倉 忠

中国語アドバイス　薛 恩峰

印刷・製本：台湾藝術圖書公司

発行：一般財団法人 日本聖書協会　東京都中央区銀座四丁目5-1 TEL.03（3567）1987

………………………………………

Cat. No. NIART JBS-ed.17-2,000-2015